Una fiesta inolvidable

LOS LIBROS DE UTILÍSIMA

Una fiesta inolvidable

Choly Berreteaga y Mirta G. Carabajal

EDITORIAL ATLANTIDA
BUENOS AIRES • MEXICO • SANTIAGO DE CHILE

Editora jefa:
Isabel Toyos

Coordinación general y corrección:
Marisa Corgatelli

Producción fotográfica:
Graciela Boldarín

Fotografías:
Alfredo Willimburgh

Supervisión de arte:
Claudia Bertucelli

Diseño de tapa:
Patricia Lamberti

Diseño de interior:
Natalia Marano

Ilustraciones:
Marisa Corgatelli

Tipeo de originales:
Paulina Maldonado y Laura Maldonado

Producción industrial:
Fernando Diz

Composición:
Gabriel Castro

Preimpresión:
Grupos & Proyectos S.R.L.

Copyright © Editorial Atlántida y Sandler Publicidad S.A., 1999.
Derechos reservados para México: Grupo Editorial Atlántida Argentina de México S.A. de C.V.
Derechos reservados para los restantes países de habla hispana: Editorial Atlántida S.A.
Primera edición publicada por EDITORIAL ATLÁNTIDA S.A.,
Azopardo 579, Buenos Aires, Argentina.
Hecho el depósito que marca la Ley 11.723.
Libro de edición argentina.
Impreso en España. Printed in Spain. Esta edición se terminó
de imprimir en el mes de agosto de 1999 en los talleres gráficos
Rivadeneyra S.A., Madrid, España.

I.S.B.N. 950-08-2161-3

Palabras de Choly Berreteaga

Es un orgullo para mí compartir este libro con Mirta Carabajal, una reconocida profesional, excelente maestra y una gran amiga, quien forma parte de mi equipo de *Cocina Fácil* en *Utilísima Satelital*.

Juntas hicimos este libro, *Una fiesta inolvidable*, para que resuelva todas las dudas y expectativas que surjan al organizar una fiesta, ya sea una reunión familiar o un evento por encargo. En él encontrarán tablas para calcular la cantidad de bebida y comida por persona y distintas opciones para diferentes tipos de fiestas: infantiles, para jóvenes, *buffet froid*, etcétera.

Agradezco a Editorial Atlántida y a Ernesto Sandler su apoyo incondicional en todos mis proyectos.

Choly Berreteaga

Palabras de Mirta Carabajal

Es apasionante para mí ponerme en contacto con ustedes a través de éste, mi primer libro. Poder realizarlo fue una experiencia enriquecedora y mucho más aún por el honor que me produce compartir su autoría con una gran persona y excelente profesional, la señora Choly Berreteaga.

Agradezco a Editorial Atlántida y a Ernesto Sandler la posibilidad de llegar a cada uno de ustedes para transmitirles humildemente algunas de mis recetas —fruto de muchos años de trabajo en la cocina y las clases— para que las compartan con sus seres queridos.

Dedico este libro a mis amados padres, que apoyaron mi inicio en esta hermosa tarea, a mi esposo Julián y mi hija Julieta, que con su colaboración, comprensión, amor y paciencia me incentivaron para seguir adelante.

Mirta Carabajal

Pautas a tener en cuenta para realizar una buena fiesta

◆ El primer paso es conocer la cantidad de invitados y el espacio del que se dispone; también hay que evaluar:
- Tipo de festejo (formal, informal)
- Presupuesto
- Clima (caluroso, frío; si es lluvioso se limita el uso de exteriores)
- Edad de los invitados (mayores, jóvenes, chicos)

◆ Estos datos los aproximarán a la elección del menú más apropiado y la mejor manera de presentarlo.

Además, a continuación encontrarán una serie de sugerencias e informaciones útiles y sencillas para lograr el mayor aprovechamiento de las recetas y disfrutar de una fiesta inolvidable...

Espacio

◆ Si los invitados son muchos y el ámbito es reducido, es preferible servir un *buffet froid*, para que los comensales no tengan que sentarse a la mesa.

◆ Es importante tener en cuenta que los mozos necesitan comodidad para circular cuando sirven bocaditos, saladitos y bebidas.

Menú

◆ Si se sirve un plato de entrada con pescado, por ejemplo, el plato principal debe ser carne o ave.

◆ Si en el menú hay un plato que lleva huevos, no repetir ese ingrediente en el postre.

◆ Si el plato de entrada es de sabor fuerte, servir antes del plato principal un consomé frío o caliente, o un sorbete de limón, para neutralizar los sabores.

◆ En las fiestas para jóvenes, es aconsejable realizar comidas informales, para evitar el uso excesivo de vajilla.

◆ Cuando se organiza la mesa dulce es preferible realizar las tortas, tartas y masas, más pequeñas, para que haya mayor variedad de postres y los invitados tengan más opciones para elegir.

◆ En las fiestas al aire libre utilizar tablas de madera, canastos de mimbre, manteles rústicos y centros de mesa a base de frutas, vegetales y hojas verdes.

BASES DE PRESENTACIÓN

◆ Si no se dispone de mucha vajilla o ésta no es del tamaño adecuado, utilizar placas de telgopor de alta densidad, que es muy resistente y se puede volver a usar en varias ocasiones.

◆ Cortar las placas de la medida de las mesas o la heladera donde se conservarán las fuentes.

◆ Estas bases se pueden utilizar individualmente o superpuestas en forma escalonada.

◆ Se deben forrar en papel dorado opaco porque el brillante puede mancharse.

◆ Para dar efectos más importantes a las presentaciones, agregar a la base rampas o cuñas de telgopor de 10 cm de espesor, cortadas en forma de escuadra y forradas con el mismo papel. Estas rampas son ideales para presentar Pavo a la York, lechones, cascadas de fiambres, aves, o quesos.

TABLA DE CANTIDAD DE BEBIDAS POR PERSONA

BEBIDAS	INVIERNO	VERANO
Vino blanco y tinto	250 a 400cc	350 a 500cc
Gaseosas, jugos o agua	650cc	1 litro
Champaña	300cc	500cc

◆ En caso de lunch, se puede suprimir el vino tinto y reemplazar parte del vino blanco por cerveza.

◆ Si se completa el lunch con mesa de quesos y fiambres, se agrega además de los vinos, cerveza.

◆ Si se sirve whisky, se calcula 1 medida sólo para la mitad de los invitados.

◆ Si el servicio es sólo de bocaditos, el número de saladitos fríos y calientes es de 7 a 10 unidades por persona, incluyendo sandwiches de miga.

◆ Si sólo se sirven sandwiches y masas se calculan 2 triples, 3 simples, 3 de pan negro y 150g de masas por persona. Si se completa con helado, reducir la cantidad de masas a 100g. Si se prepara una mesa dulce, suprimir las masas; calcular 250g de torta por persona, incluyendo la torta principal.

◆ Si el servicio incluye almuerzo o cena, la cantidad de bocaditos se reduce a 3 por persona.

◆ Para el *buffet froid* la porción calculada por persona es de 450g. Si se agrega un plato caliente, calcular 250g y 100g de postre.

◆ Si no se sabe con certeza la hora de llegada del agasajado, reforzar la recepción con más bocaditos y disminuir los platos del *buffet froid*.

♦ En caso de que sea necesario, se puede llegar a improvisar una *fondue express* con 3 ingredientes (véase fiestas para jóvenes, pág. 130)

♦ Las fuentes de fiambres y quesos se pueden preparar hasta con 3 días de anticipación, conservarlas en heladera, cubiertas con varias capas de papel film.

♦ Los quesos no se pueden freezar.

♦ Cuando la fiesta se prolonga se puede servir al final un show de pizzas, sandwiches de lomito calientes o un desayuno caribeño compuesto por jugos naturales, yogures, frutas frescas, medialunas y chocolate o café.

♦ El café es un detalle importante en un final de fiesta, sobre todo en temporada invernal. El cáculo general es de un litro cada 10 personas.

♦ En fiestas formales se aconseja tomar como referencia el número de invitados pues se servirá en las mesas.

♦ En las fiestas de jóvenes es conveniente disponer una mesa de cafetería en un ángulo del salón para que quien lo desee pida el suyo.

♦ También se puede ofrecer preparado en distintas formas, por ejemplo: capucino, con crema y canela, con licores o cascaritas de naranja.

Diferentes menús combinando recetas del libro
Menú 1
Bocaditos valencianos *(pág. 35)*
Lechón deshuesado con ensalada a gusto *(pág. 64)*
Dulzura de menta y limón *(pág. 183)*

Menú 2
Ensalada de rúcula con vinagreta de tomates secos *(pág. 100)*
y rosas de jamón crudo y cocido *(pág. 243)*
Quiche de cebolla y roquefort *(pág. 109)*
Sorpresa helada de café y chocolate *(pág. 196)*

Menú 3
Champiñones rellenos rebozados *(pág. 84)*
Jamoncito tiernizado al vino madeira *(pág. 61)*
Cheesecakes individuales de frambuesas *(pág. 181)*

Menú 4
Langostinos a la mexicana *(pág. 63)*
Costillitas rellenas en salsa de frambuesas *(pág. 83)*
Flan Paulina de nuez *(pág. 184)*

Menú 5
Milhojas campestre *(pág. 114)*
Peceto a la crema de espárragos *(pág. 82)*
Profiteroles con salsa inglesa de naranja *(pág. 194)*

Menú 6
Carpaccio con queso y rúcula *(pág. 102)*
Cebollas florentinas a la crema *(pág. 90)*
Tiramisú *(pág. 198)*

Menú 7
Arrolladitos de jamón y espárragos *(pág. 76)*
Langosta a la Thermidor *(pág. 88)*
Isla flotante Laura *(pág. 186)*

Menú 8
Vol-au-vents de foie con uvas al oporto *(pág. 89)*
Supremas arrolladas a la pimienta negra *(pág. 90)*
Marquise de chocolate *(pág. 189)*

Menú 9
Rollo hojaldrado de pollo *(pág. 91)*
Flores de alcauciles con crema de roquefort *(pág. 85)*
Mousse de limón *(pág. 190)*

Menú 10
Escabeche de peceto o de pollo *(págs. 104 y 105)*
Arrollado verde de ricota *(pág. 77)*
Peras al vino tinto *(pág. 198)*

Capítulo 1

Saladitos fríos

Alfajorcitos de masa de jamón

30 UNIDADES

INGREDIENTES

Harina, 200g
Polvo para hornear, 1 cucharadita
Sal y pimienta, a gusto
Yema, 1
Huevo, 1

Manteca, 75g
Jamón del diablo o paté de *foie*, 2 cucharadas
Varios: mayonesa, huevos duros, jamón del diablo o paté de *foie*

◆ Colocar en forma de corona la harina con el polvo para hornear, poca sal y pimienta. Acomodar en el centro la yema, el huevo, la manteca a temperatura ambiente y el jamón del diablo o el paté. ◆ Unir los ingredientes del centro, tomar la masa sin amasar y dejarla descansar tapada en heladera durante por lo menos 20 minutos. ◆ Luego estirarla más bien fina y con ayuda de un cortapasta ovalado o redondo, cortar medalloncitos. ◆ Cocinarlos sobre placa enmantecada y enharinada en horno de temperatura moderada a suave durante 15 minutos, dejar enfriar. ◆ Mezclar 3 o 4 cucharadas de mayonesa con una lata de jamón del diablo o paté de *foie* y un huevo duro rallado. ◆ Formar los alfajores uniendo las tapitas de a dos untándolas con la pasta de mayonesa. ◆ Pincelar el reborde de los alfajores con mayonesa y pasarlo por huevo duro rallado. ◆ Si lo desea, puede pasar algunos por yema dura rallada y otros por clara de huevo rallada.

> *Nota:* Se puede variar el sabor de los alfajores reemplazando en la masa el jamón del diablo o paté por anchoas molidas; en ese caso rellenar con pasta de atún, mayonesa y queso blanco.

Arrolladitos de pepino

24 UNIDADES

INGREDIENTES

Pepinos, 3
Pimienta de molinillo, a gusto
Yemas de huevo duro, 6
Queso crema, 250g
Sal, a gusto
Queso *gruyère* o similar rallado, 100g
Aceite de oliva, 1 cucharada
Aceitunas rellenas, 12

◆ Lavar y secar los pepinos, cortarlos a lo largo en tajadas finas con la ayuda de la máquina de cortar fiambre o de la mandolina, acomodar sobre papel absorbente y condimentar sólo con pimienta. ◆ Aparte procesar las yemas de huevo duro con la mitad del queso crema, agregar sal, el queso rallado y el aceite, tomar porciones y formar 24 esferitas, acomodarlas en un extremo de cada tajada de pepino y arrollar. ◆ Sujetar con un palillo, decorar con un copete del queso crema restante y 1/2 aceituna rellena. Mantener en heladera.

Palmeritas con kiwis y jamón

24 UNIDADES

INGREDIENTES

Palmeritas de hojaldre, 24
Mayonesa, 150g
Salsa golf, cantidad necesaria
Jamón crudo, 150g
Kiwis, 3

◆ Untar ligeramente las palmeritas con la mayonesa. ◆ Cortar el jamón en tiras finas y formar pequeños rollitos. ◆ Pelar los kiwis, cortarlos en rodajas y luego cada rodaja en cuartos. ◆ Distribuir sobre las palmeritas rollitos de jamón y cuartos de kiwis. ◆ Adornar con un copito de salsa golf y otro de mayonesa.

Canapés de caviar

30 A 35 UNIDADES

INGREDIENTES

Pan lácteo, 1
Manteca, 50g
Sal y jugo de limón, a gusto

Queso blanco, 200g
Caviar rojo y negro,
cantidad necesaria

◆ Cortar las rodajas de pan con ayuda de un cortapasta de 3 a 4 cm de diámetro. ◆ Condimentar la manteca a temperatura ambiente con sal y jugo de limón, untar el pan y tostarlo. ◆ Condimentar el queso con poca sal, colocarlo en manga con boquilla rizada, formar sobre el canapé un zócalo. ◆ Distribuir en el centro caviar rojo o negro. Decorar con un triángulo de limón y una hojita de perejil.

 Para realizar los triangulitos de limón pelar a vivo el limón, cortarlo en rodajas más bien finas y separar cada casquito.

Una variante

De caviar y huevos: Cascar huevitos de codorniz en moldecitos de tarteleta rociados con *spray* vegetal o manteca. ◆ Calentar bien el horno, introducir las tarteletas y apagar el horno. ◆ Cuando éste se enfríe, desmoldar los huevos sobre medallones de pan tostado untados con manteca sazonada con sal y jugo de limón. ◆ Distribuir alrededor caviar negro en algunos y rojo en otros.

Canapés de anchoa con papaya

18 UNIDADES

INGREDIENTES

Rectángulos de pan lácteo, 18
Manteca fundida, 30g
Filetes de anchoas, 36
Aceite de oliva, 3 cucharadas

Papaya, 1
Limón, 1
Mayonesa, 200g

◆ Pincelar el pan con la manteca y tostarlo en el horno. ◆ Macerar los filetes de anchoa en el aceite de oliva durante por lo menos 30 minutos, luego escurrirlos y acomodarlos bordeando los rectángulos de pan tostado. ◆ Pelar la papaya, cortarla en tiras y colocarlas en el centro de los canapés, rociar con jugo de limón. ◆ Con la mayonesa en manga con boquilla rizada formar en los extremos un copete. Mantener en heladera.

Canapés de palmitos

24 UNIDADES

INGREDIENTES

Pan lácteo, 6 rodajas
Mayonesa, 4 cucharadas
Jamón cocido, 100g
Salsa golf, 4 cucharadas

Palmitos, 3
Ananá, 3 rodajas
Cerezas, 12
Gelatina, 7g

◆ Cortar con cortapasta 4 hexágonos de cada rodaja de pan, untarlos con mayonesa. ◆ Cortar el jamón con el mismo cortapasta y acomodar sobre el pan. ◆ Decorar con un copete de salsa golf, una rodaja de palmito y un trocito de ananá y 1/2 cereza. ◆ Diluir la gelatina en 5 o 6 cucharadas de agua, cocinarla a baño de María, dejarla entibiar y pincelar los canapés.

Canapés de palta

24 UNIDADES

INGREDIENTES

Pan lácteo y pan integral, 12 rodajas
Paltas, 2
Limón, 1
Mayonesa, 5 cucharadas

Gelatina, 5g
Jerez, 6 cucharadas
Camarones, 200g
Salsa golf, cantidad necesaria

◆ Descortezar el pan y cortar cada rodaja en 2 triángulos, tostarlos en el horno. ◆ Pelar las paltas procesar 1 y 1/2 con jugo de limón y la mayonesa. Diluir la gelatina en el jerez, luego calentar a baño de María y agregar a la mezcla, colocar en una manga con boquilla y distribuir sobre los triángulos de pan tostados. ◆ Decorar con la 1/2 palta reservada rociada con jugo de limón y cortada en láminas o trocitos, los camarones y, si lo desea, hilos de salsa golf colocada en cartucho de papel.

Almendras y habas saladas fritas

20 UNIDADES

INGREDIENTES

Almendras peladas, 200g
Habas secas, 200g

Aceite de oliva y sal, cantidad necesaria

◆ Colocar las almendras en agua caliente unos minutos, escurrirlas y despegarles la película oscura. ◆ Remojar las habas de un día para otro, quitarles la piel y abrirlas por la mitad. ◆ Calentar en una sartén el aceite de oliva, colocar las almendras y moverlas hasta que resulten doradas, escurrirlas sobre papel de cocina y espolvorearlas con sal. ◆ Realizar la misma operación con las habas. ◆ Servir como ingrediente de copetín.

Medallones con mousse de hígados de pollo al oporto

40 UNIDADES

Ingredientes

Manteca y aceite, cantidad necesaria
Cebolla, 1
Panceta fresca o ahumada, 150g
Hígados de pollo, 400g
Quatre épice, 1 cucharadita
Sal, pimienta y coñac, a gusto
Oporto, 1/2 copa
Huevos, 2
Crema de leche, 75g
Medallones de pan lácteo, 40

◆ Cocinar en 30g de manteca y 3 cucharadas de aceite la cebolla picada y la panceta cortada en trocitos. ◆ Agregar los hígados de pollo, saltearlos a fuego vivo, condimentar con las 4 especias, sal y pimienta, rociar con 4 o 5 cucharadas de coñac y flambear. Retirar del fuego y pasar por procesadora. ◆ Colocar un bol sobre hielo, acomodar allí la *mousse* y añadir el oporto, los huevos ligeramente batidos y la crema, rectificar el sabor con sal y pimienta. ◆ Colocar en una asadera rociada con spray vegetal, la preparación debe tener una altura de 3 a 4 cm, tapar con papel aluminio y cocinar a baño de María en horno de temperatura moderada durante 35 minutos. ◆ Al retirar del horno colocar encima del papel metalizado otra asadera con algo de peso para compactar bien la preparación. ◆ Cuando esté fría, cortar medallones y servirlos sobre medallones de pan tostado. ◆ Para dar una mejor presentación, pincelar con gelatina líquida y fría. Decorar con 1/2 almendra pelada y tostada.

> **Nota**
> Se pueden utilizar algunos medallones de pan lácteo y otros de pan integral.

Rollitos dobles de pionono

24 UNIDADES

INGREDIENTES

Pionono, 1 plancha
Mayonesa, 200g
Queso blanco, 200g
Espinaca hervida, 4 cucharadas

Morrones, 1 lata
Gelatina sin sabor, 5g
Huevos de codorniz, 8
Salchichas de Viena, 4

◆ Extender el pionono. ◆ Mezclar la mayonesa con el queso blanco, dividir en dos, agregar a una parte la espinaca bien exprimida y picada, y a la otra parte los morrones picados. ◆ Diluir la gelatina en 3 o 4 cucharadas de agua o caldo frío, luego calentar revolviendo, dejar entibiar y distribuir en las dos preparaciones, mezclar bien. ◆ Extender la mezcla de espinaca en la mitad del pionono y la de morrones en la otra mitad. Distribuir en el extremo de los morrones los huevitos de codorniz cocidos y en el de espinaca, las salchichas. Arrollar ambos extremos hasta que se superpongan (véase dibujo), envolver en papel y dejar en heladera por lo menos dos horas. Luego cortar en tajadas de 2 cm.

Dátiles rellenos

18 UNIDADES

INGREDIENTES
Dátiles, 18
Paté de *foie*, 1 latita
Queso blanco, 1 cucharada
Almendras fileteadas, 50g

◆ Descarozar los dátiles. Mezclar el paté con el queso blanco, rellenar con esta pasta los dátiles. ◆ Distribuir sobre el relleno las almendras fileteadas, tostadas y saladas.

Rombos de flan de queso

70 A 80 UNIDADES

INGREDIENTES
Masa de pascualina rectangular, 2
Leche, 500cc
Crema de leche, 250g
Queso fundido fontina, 250g
Queso *gruyère* o similar, rallado, 150g
Cebolla rallada, 3 cucharadas
Sal y páprika, a gusto
Huevos, 6
Mostaza, 2 cucharadas

◆ Tapizar dos asaderas enmantecadas con los rectángulos de masa, pinchar con un tenedor y cocinar en horno bien caliente durante 10 minutos. ◆ Aparte calentar la leche con la crema, agregar el queso fundido cortado en trocitos y el queso rallado, cocinar a fuego lento revolviendo con cuchara de madera hasta que los quesos se fundan. ◆ Retirar del fuego y condimentar con la cebolla, poca sal y 1/2 cucharada de páprika. ◆ Batir ligeramente los huevos y verter en la crema de queso. Pincelar las bases de la masa con mostaza y distribuir la preparación. ◆ Cocinar en horno de temperatura moderada durante 35 minutos. Verificar la cocción, al pinchar con un cuchillo, éste debe salir limpio. ◆ Dejar enfriar y cortar en pequeños rombos.

Saladitos con base de papa

30 UNIDADES

INGREDIENTES

Papas blancas, 6
Sal gruesa, cantidad necesaria
Atún, 1 lata
Mayonesa, 3 cucharadas
Perejil picado, 3 cucharadas
Crema de leche, 50g
Sal y pimienta, a gusto
Camarones y hojas de berro, a gusto

◆ Elegir papas blancas, más bien alargadas, lavarlas sin pelar y envolverlas en papel metalizado. ◆ Acomodar en una asadera un colchón de sal gruesa, distribuir encima las papas, la sal va a impedir que se queme la parte de las papas que está sobre la asadera. ◆ Cocinar en horno de temperatura moderada hasta que al pincharlas resulten tiernas; dejar entibiar, pelarlas y cortarlas en rodajas de 3 cm de grosor. Para que todas tengan el mismo diámetro cortarlas con ayuda de un cortapasta. ◆ Desmenuzar el atún y mezclarlo con la mayonesa, el perejil y la crema batida a punto sostenido, condimentar con sal y pimienta de molinillo. ◆ Distribuir sobre los medallones de papa y condimentar con un camarón y hojitas de berro.

Algunas variantes

1. Desmenuzar 250g de queso roquefort mezclado con 100g de queso blanco y 2 cucharadas de mayonesa. ◆ Distribuir sobre medallones de papa y decorar con media nuez o espolvorear con nueces picadas.

2. Mezclar el contenido de 1 lata de paté de *foie* con 100g de crema batida a punto sostenido, 1 cucharadita de mostaza y 100g de almendras tostadas y molidas algo gruesas, condimentar con sal y pimienta y distribuir sobre los medallones de papa. ◆ Decorar con almendras fileteadas.

Saladitos con masa de queso

40 UNIDADES

INGREDIENTES

Harina leudante, 250g
Manteca, 200g
Queso rallado, 250g
Yemas, 2

Leche, 4 cucharadas
Sal y pimienta, a gusto
VARIOS: queso crema, ciruelas pasas tiernas, pepinillos, champiñones

◆ Colocar la harina en corona en el centro, acomodar la manteca a temperatura ambiente, el queso rallado, las yemas, sal y pimienta a gusto. ◆ Tomar los ingredientes del centro e ir tomando la harina alternando con la leche, unir hasta obtener un bollo tierno y dejar descansar tapado durante 30 minutos. ◆ Luego estirar la masa hasta que alcance un espesor de 1/2 cm y cortar medallones o rectángulos; acomodarlos sobre una placa enmantecada, pincelar con leche, espolvorear con queso rallado y cocinar en horno de temperatura moderada durante 10 minutos. ◆ Decorar con queso crema salpimentando puesto en manga con boquilla rizada, disponer sobre él un trozo de ciruela pasa tierna y una rodajita de pepinillo. ◆ También se puede disponer el queso crema y encima medio champiñón rehogado en manteca, sal y pimienta; completar con una pequeña hoja de perejil.

Nota Esta masa es ideal como base de saladitos fríos.

Saladitos de pan de centeno

18 UNIDADES

INGREDIENTES
Pan de centeno, 6 rodajas
Queso crema, 300g
Roquefort, 100g

Blanco de apio, 3 tallos
Medias nueces, 50g

◆ Descortezar el pan y cortar cada rodaja en 3 rectángulos. ◆ Procesar el queso crema con el roquefort, distribuir sobre el pan, si se desea en manga con boquilla rizada. ◆ Cortar los tallos de apio en porciones, acomodar en un extremo del rectángulo 1/2 nuez y en el otro el apio; puede agregarse un trocito de roquefort para acentuar el sabor.

Saladitos express

50 UNIDADES

INGREDIENTES
Bizcochuelo de vainilla, 1 paquete
Cebolla rallada, 5 cucharadas

Queso rallado, 5 cucharadas
Mayonesa, 5 cucharadas

◆ Preparar el bizcochuelo siguiendo las indicaciones del envase. Colocar la preparación, que debe tener una altura de 2 cm, en una asadera enmantecada y enharinada y cocinarla en horno de temperatura moderada durante 20 minutos. ◆ Mezclar la cebolla con el queso y la mayonesa, esparcirla sobre el bizcochuelo y llevar a horno caliente de 4 a 5 minutos. ◆ Cortar en cubos y servir en pirotines.

Cilindros apetitosos

40 PORCIONES

INGREDIENTES

Carne picada desgrasada, 500g
Mortadela, 300g
Huevo, 1
Pepinitos en vinagre, 8
Aceitunas rellenas, 100g

Sal y pimienta, a gusto
Pan integral, 20 rodajas
Mayonesa, 1 taza
Tomatitos *cherry*, 20

◆ Procesar la carne con las 3/4 partes de la mortadela, el huevo y 5 pepinitos en vinagre, condimentar con poca sal y pimienta. ◆ Colocar una porción sobre papel metalizado pincelado con aceite de oliva, darle forma alargada, distribuir encima las tiritas de pepinos, aceitunas y la mortadela reservada cortada en tiras. ◆ Cubrir con el resto de la preparación y darle forma de cilindro de 6 a 8 cm de diámetro, envolver bien ajustado con el papel. ◆ Cocinar sobre una placa con una base de 2 cm de agua en horno de temperatura moderada durante 50 minutos. ◆ Dejar enfriar y cortar rodajas de 2 cm. ◆ Cortar 2 medallones de cada rodaja de pan, tostarlos en horno de temperatura moderada, luego untarlos con mayonesa, acomodar encima las rodajas de carne. ◆ Decorar con un copete de mayonesa y rodajas de tomates *cherry*.

> **Nota** *Esta preparación se puede utilizar como plato frío si se forma con la totalidad de los ingredientes un rollo o cilindro de 10 cm de diámetro; cocinar como se indica en la receta, dejarlo enfriar, cortarlo en rodajas y servir acompañado con ensaladas frescas.*

Tarteletas de queso al coñac

24 A 30 UNIDADES

INGREDIENTES

MASA
Harina, 150g
Manteca, 150g
Queso sardo rallado, 15g
Sal, pimienta y vino blanco, a gusto

RELLENO
Ricota, 350g
Queso blanco, 250g
Coñac, 2 cucharadas
Jamón del diablo, 1 latita
Huevos de codorniz, 12
Perejil, a gusto

◆ Colocar en un bol la harina, la manteca y el queso rallado, condimentar con poca sal y pimienta, mezclar y unir incorporando vino blanco por cucharadas hasta obtener una masa más bien tierna, dejarla descansar tapada en heladera por lo menos 2 horas, luego tomar pequeñas porciones y con ayuda de la mano adherir la masa en pequeños moldes para tarteletitas enmantecados, pinchar la masa y cocinar en horno caliente durante 10 minutos. Dejar enfriar y desmoldar. ◆ Condimentar la ricota con sal y pimienta, agregar el queso blanco, el coñac y el jamón del diablo. Colocar en manga con boquilla rizada y rellenar las tarteletas. ◆ Cocinar los huevos, cortarlos por la mitad y distribuir medio huevito en cada tarteleta, terminar de decorar con hojitas de perejil.

Tarteletas de jamón con melón

30 UNIDADES

INGREDIENTES

Tarteletas alargadas, 30
Jamón cocido, 250g
Crema de leche, 75g
Sal y pimienta blanca, a gusto

Melón, 1/2
Vino dulce, 1/2 vaso
Jamón crudo, 150g

◆ Procesar el jamón con la crema formando una pasta, condimentar con poca sal y un toque de pimienta. ◆ Aparte, con ayuda de la cucharita parisién de papas *noisette* formar esferitas con el melón, rociarlas con el vino dulce y macerarlas unos minutos. ◆ Rellenar las tarteletas con la pasta de jamón, decorar con las esferas de melón y pequeños rollitos de jamón crudo.

 Si no se desea hacer las esferitas de melón se pueden reemplazar por trocitos de éste y agregar un cereza al marrasquino.

Tarteletas de jamón y naranja

24 UNIDADES

INGREDIENTES

Tarteletitas, 24
Mermelada de naranja, 4 cucharadas
Mostaza, 1 cucharadita

Jamón cocido, 150g
Azúcar, 150g

◆ Acomodar las tarteletas en pirotines, rellenarlas con la mermelada mezclada con la mostaza. ◆ Cortar el jamón en juliana y distribuir sobre las tarteletas formando pirámides. ◆ Colocar el azúcar sobre fuego bajo hasta obtener punto caramelo, salsear el jamón en forma de hilos.

Tejas de queso

25 unidades

INGREDIENTES

Queso *gruyère* o parmesano, 400g
Queso blanco, 400g
Sal, pimienta y mostaza en grano, a gusto

Nueces o almendras, 50g
Semillas de sésamo, 50g
Manteca, 30g

◆ Rallar el queso algo grueso. Sobre asadera rociada con *spray* vegetal o sobre plancha de silicona colocar pequeños montículos de queso algo separados unos de otros porque después se extienden. ◆ Cocinar en horno de temperatura moderada a caliente de 10 a 12 minutos. Verificar la cocción todas las veces que sea necesario. El queso debe extenderse y los bordes deben dorarse ligeramente. Se pueden utilizar simplemente con forma de medallones o moldearlos acomodándolos en caliente sobre el palote o cualquier otro cilindro. ◆ Condimentar el queso blanco con sal, pimienta y 1/2 cucharada de mostaza, agregar las nueces o almendras tostadas y molidas, distribuir sobre las tejas de queso. ◆ Aparte tostar las semillas de sésamo en una sartén con la manteca, dejarlas enfriar y espolvorear las tejas.

Una variante de relleno

◆ Condimentar 400g de queso blanco y mezclar con 1 cucharada de cebolla rallada y 2 tomates pelados, sin semillas y cortados en *concassé*, es decir en cubitos pequeños.

Capítulo 2

Saladitos calientes

Arrolladitos de espárragos

32 UNIDADES

INGREDIENTES

Pan de sandwich, 8 tajadas
Mayonesa, 3 cucharadas
Queso de máquina, 100g
Jamón cocido, 100g

Espárragos, 12
Manteca, 30g
Queso parmesano rallado, 3 cucharadas

◆ Untar las tajadas de pan con la mayonesa, distribuir encima el queso y el jamón. Acomodar en cada extremo de las tajadas de pan dos espárragos, arrollar y cortar en 4 o 5 porciones y sujetar cada una de ellas con un palillo.
◆ Pincelar los arrolladitos con la manteca fundida mezclada con el queso rallado y gratinarlos en horno caliente en el momento de servirlos.

Arrollado de panceta

20 A 24 UNIDADES

INGREDIENTES

Masa de *scones* (pág. 43), 200g
Mostaza, 2 cucharadas

Panceta ahumada, 200g
Azúcar rubio, 3 cucharadas

◆ Estirar la masa de *scones* dándole forma rectangular, pincelar la masa con la mostaza, distribuir encima la panceta y espolvorear con el azúcar. ◆ Arrollar la masa, debe obtenerse un rollo de 4 cm de diámetro, cortar rodajas de 2 cm de espesor. ◆ Acomodarlas sobre una placa enmantecada y cocinar en horno caliente durante 15 minutos. ◆ Servir los arrolladitos tibios.

Bastones crocantes de queso y panceta

18 UNIDADES

INGREDIENTES

Queso de máquina,
6 tajadas de 1 cm de espesor
Ketchup, 5 cucharadas
Peras en almíbar, 1 lata

Panceta ahumada, 18 tajadas
Azúcar negro, 3 cucharadas
Rectángulos de masa de hojaldre, 18

◆ Dividir cada tajada de queso en 3 tiras, pincelarlas con *ketchup* y apoyar sobre cada una de ellas un tercio de pera en almíbar, arrollarlas con la panceta y sujetar con un palillo. ◆ Pincelarlas con el resto de *ketchup*, acomodar en placa enmantecada, espolvorear con el azúcar y gratinar en horno caliente 2 minutos sin dejar derretir totalmente el queso. ◆ Distribuir sobre rectángulos de masa hojaldrada cocida o sobre rectángulos de pan tostado.

Chorizo blanco a la sidra

DE 20 A 25 UNIDADES

INGREDIENTES

Chorizos blancos, 5
Sidra, 500cc

Bizcochitos con grasa, 20 a 25
Mayonesa, 3 cucharadas

◆ Cortar los chorizos en rodajas de 3 cm de ancho, acomodarlos sin superponerlos en un recipiente, cubrirlos con la sidra y cocinar a fuego lento de 10 a 15 minutos. ◆ Escurrirlos y acomodar cada rodaja sobre un bizcocho untando con mayonesa, servir caliente.

Ciruelas pasas rellenas

18 UNIDADES

INGREDIENTES

Ciruelas pasas, 18
Ricota, 4 cucharadas
Mostaza, sal y pimienta, a gusto

Nueces, 50g
Panceta ahumada, 100g
Azúcar, 3 cucharadas

◆ Descarozar las ciruelas. ◆ Mezclar la ricota con una cucharadita de mostaza, sal, pimienta y las nueces molidas, distribuir dentro de las ciruelas. Envolver cada una de ellas con la panceta, sujetar con palillos, colocar en una asadera y espolvorear con azúcar. ◆ Gratinar en horno de temperatura moderada unos minutos antes de servir.

Trufitas de choclo

30 UNIDADES

INGREDIENTES

Ricota, 500g
Sopa crema de choclo, 1/2 paquete
Huevos duros, 2

Aceitunas negras, 50g
Huevos crudos, 2
Pan rallado, cantidad necesaria

◆ Colocar la ricota en un colador cubierto con un lienzo para drenarla, luego mezclarla con el polvo de la sopa crema, los huevos duros y las aceitunas picados. ◆ Tomar porciones, darles forma de esferas y pasarlas por pan rallado, huevo batido y por último pan rallado. ◆ Freírlas en aceite caliente y escurrirlas sobre papel. Servirlas calientes.

Bocaditos de plátanos

20 UNIDADES

INGREDIENTES
Bananas, 4
Panceta ahumada, 200g
Mostaza, 1 cucharada
Manteca y aceite, cantidad necesaria

◆ Pelar las bananas y cortarlas en trozos de 4 a 5 cm de largo, envolver cada uno de ellos en una tirita de panceta y sujetar con un palillo. ◆ Calentar en una sartén la mostaza con 40g de manteca y 2 o 3 cucharadas de aceite, colocar las bananas, moviendo la sartén hasta que la panceta resulte crujiente. ◆ Servir caliente.

Bocaditos valencianos

12 UNIDADES

INGREDIENTES
Rodajas de pan, 12
Manteca, 20g
Limón, sal y pimienta, cantidad necesaria
Jamón crudo, 50g
Huevos de codorniz, 12
Tomates cherry, 6
Aceite de oliva, cantidad necesaria

◆ Tostar las rodajas de pan. Pisar la manteca con jugo de limón, sal y pimienta, distribuir sobre el pan, cubrir con tiritas de jamón arrolladas. ◆ Cocinar los huevos en fritura de aceite o manteca, colocarlos sobre el jamón y decorar con los tomates cortados en rodajitas, rociar con el aceite.

Empanaditas de sardinas a la portuguesa

24 UNIDADES

INGREDIENTES

Tapas de pastelitos o empanadas para copetín, 24
Cebollas, 2
Ají verde, 1
Aceite, 3 cucharadas
Tomate triturado, 1/2 taza
Sal, pimienta, orégano y pimentón, a gusto
Arvejas, 1 taza
Aceitunas negras, 50g
Harina, 1 cucharada
Sardinas, 1 lata grande

◆ Separar las tapas de masa. Picar las cebollas y el ají y rehogarlos en el aceite, agregar el tomate y condimentar con sal, pimienta, orégano y pimentón a gusto. ◆ Cocinar 2 o 3 minutos, incorporar las arvejas cocidas y las aceitunas fileteadas, espolvorear la mezcla con harina y cocinar revolviendo para obtener una preparación más espesa. ◆ Añadir por último las sardinas sin la espina central, unir ligeramente para que las sardinas no se deshagan del todo. ◆ Dejar enfriar, luego distribuir sobre las tapitas de masa, pincelar el reborde con huevo y cerrarlas con cuidado. Acomodarlas sobre una placa pincelada con aceite, pintarlas con huevo y cocinarlas en horno caliente de 18 a 20 minutos.

Notas
Las sardinas pueden reemplazarse por caballa al natural.
Si se desea, puede prepararse la masa para empanadas según la receta de la página 254. Resultarán aún más ricas.

Empanaditas sorrentinas

30 UNIDADES

INGREDIENTES

Harina, 350g
Levadura de cerveza, 15g
Azúcar, 1 cucharadita
Aceite de oliva, 2 cucharadas
Manteca, 25g
Huevo, 1
Agua tibia, cantidad necesaria
Sal, 1 cucharadita
Varios: Aceitunas verdes, huevos duros, queso provolone, queso cuartirolo, jamón en cubos, aceite para freír.

◆ Mezclar la harina con la levadura y el azúcar, agregar el aceite, la manteca a temperatura ambiente, el huevo y agua tibia con sal hasta formar una masa tierna que no se pegue en las manos. ◆ Estirarla y cortar medallones de 5 a 6 cm de diámetro. ◆ Colocar sobre cada medallón de masa un trocito de aceituna, otro de huevo duro, otro de queso provolone y otro de cuartirolo, y por último un trocito de jamón. Pincelar el reborde con huevo y cerrar formando la empanada. ◆ Freírlas en aceite no muy caliente hasta dorarlas, escurrirlas sobre papel. Servirlas calientes.

Algunas variantes de rellenos

De crema de queso: Batir ligeramente 2 huevos, agregar 2 cucharadas colmadas de perejil picado y queso parmesano rallado hasta obtener una pasta consistente. ◆ Distribuir una porción sobre cada medallón de masa, pincelar el borde con huevo y cerrar la empanada. ◆ Cocinarlas en fritura no muy caliente o pincelarlas con huevo y cocinarlas en horno caliente hasta dorarlas.
De mozzarella y anchoas: Picar 5 anchoas y mezclarlas con 150g de *mozzarella* rallada gruesa, 1 huevo, 1 cucharada de harina, 2 cucharadas de queso parmesano rallado y 50g de aceitunas negras fileteadas; distribuir los discos de masa, pincelar el reborde, cerrar formando las empanadas y cocinar en fritura o al horno.

Pinchitos de camarones

20 UNIDADES

INGREDIENTES

Camarones pelados, 200g
Champiñones de frasco, 300g
Jamón cocido en cubos, 200g
Tomates cherry, 200g
Sal y pimienta, a gusto
Huevos, 2
Pan rallado, cantidad necesaria
Aceite, para freír

◆ Ensartar en las brochettes de manera alternada, camarones, champiñones, cubos de jamón y tomatitos cherry, condimentar con sal y pimienta. ◆ Pasar las brochettes por pan rallado, luego por huevo batido y nuevamente pan rallado. ◆ Freír en aceite caliente, escurrir sobre papel y servir calientes.

Langostinos soufflé

18 UNIDADES

INGREDIENTES

Langostinos, 18
Sal y jugo de limón, a gusto
Harina leudante, 350g
Ralladura de limón, 1 cucharadita
Huevos, 3
Perejil, 2 cucharadas
Aceite de oliva, 1 cucharada
Leche, 150cc
Soda, cantidad necesaria
Aceite, para freír

◆ Pelar los langostinos dejando solamente la colita con carcasa, condimentarlos con sal y jugo de limón. ◆ Aparte, condimentar la harina con sal y 1 cucharadita de ralladura de piel de limón, agregar los huevos ligeramente batidos, el perejil, el aceite de oliva y la leche, mezclar incorporando pequeños chorritos de soda hasta obtener una pasta de regular consistencia. ◆ Tomar cada langostino por la cola, sumergirlo en la pasta, luego colocarlo en el aceite caliente, dorarlos de ambos lados. Escurrirlos sobre papel de cocina y servirlos calientes.

Mejillones rellenos

30 UNIDADES

INGREDIENTES

Mejillones, 1 kilo
Vino blanco, 1 vaso
Ajo y perejil, 2 cucharadas
Queso sardo rallado, 3 cucharadas
Pan rallado, 1 cucharada
Manteca, 30g
Harina, 1 cucharada colmada

◆ Lavar y raspar bien las valvas, colocarlas en un recipiente sobre fuego, agregar el vino y cocinar tapado moviendo de vez en cuando hasta que las valvas abran. ◆ Acomodar sobre una asadera las valvas que tienen adherido el mejillón. Filtrar el jugo de cocción por un lienzo para desechar la arena. ◆ Mezclar el ajo y perejil con el queso y el pan rallado, distribuir sobre los mejillones. ◆ Aparte cocinar la manteca con el jugo de los mejillones y la harina revolviendo hasta formar una crema, salsear los mejillones y gratinar en el momento de utilizarlos.

Fosforitos de queso

35 UNIDADES

INGREDIENTES

Planchas de pascualina rectangular, 2
Queso de máquina, 250g
Claras, 2
Azúcar, 4 cucharadas
Azúcar impalpable, 2 cucharadas

◆ Colocar en una placa humedecida con agua una plancha de masa, cubrir con el queso de máquina. Tapar con la otra masa, pinchar toda la superficie y cocinar a fuego fuerte durante 12 minutos, bajar la temperatura y cocinar 12 minutos más. ◆ Preparar el merengue batiendo las claras con el azúcar molido a baño de María hasta que comience a tomar cuerpo, luego retirar del fuego y seguir batiendo hasta entibiar. ◆ Acomodar encima de la masa una capa de merengue, espolvorear con el azúcar impalpable y llevar a horno de temperatura moderada 15 minutos más. ◆ Dejar pasar el calor fuerte y cortar rectángulos de 3 a 5 cm de ancho por el largo deseado.

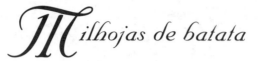

Milhojas de batata

24 A 30 UNIDADES

INGREDIENTES

Batatas, 6
Aceite de oliva y sal, a gusto
Jamón cocido, 150g
Queso parmesano, 150g
Almendras tostadas y molidas, 50g

Pimienta y nuez moscada, cantidad necesaria
Queso blanco, 2 cucharadas
Cerezas al marrasquino, 150g

◆ Seleccionar las batatas parejas y alargadas, pelarlas con pelapapas para que el contorno resulte bien liso. Cortarlas en rodajas de 1 a 1 1/2 cm de largo para obtener las rodajas del mismo diámetro, cortarlas con un cortapasta. ◆ Acomodarlas sin superponerlas en una placa aceitada, pincelarlas con aceite y condimentarlas con sal, cocinarlas en horno de temperatura moderada hasta que estén cocidas y bien sequitas. ◆ Procesar el jamón y el queso, condimentar con poca sal, pimienta, nuez moscada y las almendras, unir con el queso blanco. ◆ Armar las milhojas superponiendo 3 rodajas de batatas intercaladas con la mezcla de jamón. Sujetar con un palillo y decorar con una cereza. ◆ Calentarlas en el momento de servir.

Petites galettes

18 UNIDADES

INGREDIENTES

Papas medianas, 4
Cebolla rallada, 4 cucharadas

Panceta ahumada, 50g
Sal y pimienta, a gusto

◆ Lavar bien las papas y cocinarlas en agua con sal hasta que estén tiernas pero firmes. Dejarlas enfriar, pelarlas y rallarlas con rallador de verdura. ◆ Mezclar con la cebolla y la panceta picada, condimentar con sal y pimienta. ◆ Calentar una sartén pincelada con aceite, distribuir la preparación por pequeñas porciones, aplanarlas ligeramente y cocinarlas de ambos lados hasta dorarlas. Servirlas tibias.

Pañuelitos florentinos de lomito

24 UNIDADES

INGREDIENTES

Manteca, 25g
Harina, 2 cucharadas
Leche, 250cc
Crema, 150cc
Sal, pimienta y nuez moscada, a gusto

Queso parmesano rallado, 150g
Espinacas hervidas y exprimidas, 2 tazas
Manteca, 30g
Lomito ahumado, 24 rodajas
Medallones de pan tostado, 24

◆ Mezclar la manteca con la harina y la leche, cocinar revolviendo siempre, e incorporando de a poco la crema, cocinar hasta obtener una salsa consistente, condimentar con sal, pimienta y nuez moscada, agregar la mitad del queso rallado. ◆ Saltear la espinaca picada en la manteca, condimentar con pimienta y nuez moscada. ◆ Untar las rodajas de lomito con la salsa blanca, distribuir encima la espinaca, doblar el lomito por la mitad y luego doblar nuevamente como un pañuelo triangular. ◆ Espolvorearlos con el resto de queso y colocarlos sobre los medallones de pan tostado. Gratinar en el momento de servir.

> **Nota:** El lomito se puede reemplazar por fetas de jamón cocido; en este caso untarlas con salsa blanca, distribuir encima la espinaca y acelga y arrollar el jamón. Colocar los rollitos sobre rectángulos de pan tostado, espolvorear con el resto del queso y gratinar en el momento de servir.

Profiteroles en salsa de queso

6 PORCIONES

INGREDIENTES
Manteca, 40g
Agua, 300cc
Sal y pimienta, a gusto
Harina, 200g
Huevos, 2
Ajo en polvo, 1 cucharadita

SALSA DE QUESO
Crema de leche, 400g
Queso *gruyère* rallado, 200g
Mayonesa, 200g
Nueces, 50g

◆ Colocar la manteca sobre fuego junto con el agua, la sal y la pimienta; cuando rompa el hervor agregar de golpe la harina. ◆ Cocinar a fuego suave revolviendo con cuchara de madera hasta que la preparación se desprenda del fondo. ◆ Dejar entibiar y agregar los huevos uno a uno batiendo cada vez, condimentar con el ajo en polvo, mezclar muy bien. ◆ Colocar en manga con boquilla lisa y sobre placa enmantecada y enharinada, formar pequeñas porciones. ◆ Cocinarlas en horno caliente 15 minutos sin abrir el horno, bajar la temperatura y proseguir la cocción 15 minutos más. ◆ Aparte calentar la crema con el queso y la mayonesa revolviendo con cuchara de madera, agregar las nueces molidas y condimentar con un toque de pimienta blanca de molinillo. ◆ Servir en pequeñas cazuelitas los profiteroles cubiertos con salsa caliente de queso.

Una variante

◆ Cocinar 40g de manteca con 150cc de agua, 150cc de leche, sal y pimienta; cuando rompa el hervor agregarle de golpe 250g de harina, mezclar bien y cocinar 1 minuto sobre fuego revolviendo siempre. ◆ Batir 3 huevos, retirar la preparación del fuego y agregar la mitad del batido de huevos; mezclar bien e incorporar el resto, unir hasta conseguir una preparación homogénea. ◆ Cocinar los profiteroles como se indica en la resta.

Saladitos con masa de scones

40 UNIDADES

INGREDIENTES
MASA DE SCONES
Manteca, 175g
Azúcar, 1 cucharada
Yemas, 2
Huevo, 1
Harina, 400g
Polvo para hornear, 1 cucharada colmada
Sal, 1 cucharadita
RELLENO
Chorizo cantimpalo, 2
Huevo, 1
Queso rallado, 6 cucharadas

◆ Desmenuzar la manteca con el azúcar, agregar las yemas, el huevo, y la harina cernida con el polvo para hornear y la sal. Tomar la masa sin amasar, colocar tapada en heladera por lo menos 30 minutos. ◆ Estirar la masa de 1/2 cm de espesor, cortar medallones de 3 a 4 cm de diámetro. ◆ Apoyar en el centro de la mitad de los medallones rodajitas de chorizo cantimpalo, pincelar el reborde con huevo batido y cubrir con la otra mitad de los medallones. ◆ Sujetar los rebordes, pincelar con huevo la parte superior y espolvorear con queso rallado. ◆ Cocinar en horno caliente sobre placa enmantecada durante 15 minutos. Servir tibios.

Algunas variantes

1. Estirar la masa de *scones* dándole forma rectangular, untarla con mostaza y cubrirla con salchichas de Viena procesadas o picadas y 3 huevos duros rallados. ◆ Arrollar la masa ajustándola ligeramente. ◆ Pincelar con huevo y espolvorear con queso rallado. ◆ Cocinar en horno de temperatura moderada durante 20 minutos. ◆ Dejar pasar el calor fuerte y cortar en rodajas.

2. Agregar a la masa básica de *scones* 1 cucharadita colmada de pimentón y 3 cucharadas de queso sardo o provolone rallado. ◆ Estirar la masa y cortar en pequeños rectángulos, pincelarlos con huevo y espolvorearlos con semillas de sésamo tostadas o ají molido. ◆ Acomodar en una placa enmantecada y cocinar en horno caliente 12 minutos.

Trufas de mariscos

24 A 30 UNIDADES

INGREDIENTES

Cebolla, 1
Ají rojo, 1/2
Ají verde, 1/2
Manteca, 30g
Aceite de oliva, 2 cucharadas
Filetes de merluza, 260g
Camarones, 200g

Sal, pimienta y pimentón, a gusto
Crema de leche, 200g
Harina, 3 cucharadas
Perejil, 3 cucharadas
Varios: Huevos, pan rallado y aceite para freír

◆ Picar la cebolla y los ajíes, cocinarlos en la manteca y el aceite. ◆ Agregar los filetes, cocidos 5 minutos en agua con sal y bien escurridos, y los camarones. Condimentar con sal, pimienta y 1 cucharadita de pimentón, cocinar 2 minutos, agregar la crema mezclada con la harina, cocinar revolviendo hasta obtener una pasta consistente. Añadir el perejil y rectificar el sabor. ◆ Tomar porciones, darles forma de esferitas, pasarlas por pan rallado y dejarlas enfriar, luego sumergirlas en huevo batido condimentado con sal y pasarlas nuevamente por pan rallado. Freírlas en abundante aceite caliente.

Algunas variantes

1. Reemplazar los camarones por mejillones.
2. Reemplazar los camarones por rodajitas de *kanikama*.
3. Convertir las trufas de mariscos en trufas de pollo reemplazando los 260g de filetes por 300g de pechuga de pollo cocida y procesada y 100g de jamón cocido bien picado.
4. Las trufas también se pueden preparar aprovechando carne cocida al horno o a la parrilla; procesarla y reemplazar el pescado y los mariscos.

Capítulo 3

Sandwiches

Sandwiches con pancitos de vegetales

35 A 40 PORCIONES

INGREDIENTES

Levadura, 50g
Azúcar, 50g
Agua tibia, 300cc
Huevos, 2
Manteca, 75g

Harina 000, 1 kilo
Sal, 2 cucharaditas
Varios: Puré de zanahoria, de espinaca y de remolacha

◆ Diluir la levadura con el azúcar y 5 o 6 cucharadas de los 300cc de agua tibia, dejar espumar. ◆ Agregar en forma alternada, siempre batiendo con cuchara de madera, los huevos, la manteca, la harina cernida con la sal y el resto de agua. Tomar la masa, amasar bien y dividir en tres partes. ◆ Agregar a una de ellas un pocillo de zanahorias hervidas y pisadas, a otra parte de la masa añadirle 5 cucharadas de espinaca cocida, bien exprimida y picada, y a la porción restante 5 cucharadas de remolachas procesadas. ◆ Amasar cada bollo por separado, incorporando 4 o 5 cucharadas más de harina. Dejarlos leudar tapados en lugar tibio. Para armar los pancitos desgasificar la masa, tomar porciones de 25 a 30g, darles forma de bollitos y acomodar sobre placa enmantecada y enharinada. ◆ Dejar puntear, pincelar con huevo y cocinar en horno caliente de 18 a 20 minutos.

> **Nota**: Para armar los sandwiches, acomodar alrededor de los pancitos boles con diferentes salsas, tablas con fiambres y quesos, tablas con vegetales: tomates, pepinos, berros, lechuga, rodajas de ananá, para que cada comensal se arme su propio sandwich.

Sandwiches mixtos

18 UNIDADES

INGREDIENTES

Planchas de pascualina rectangular, 2
Huevo, 1
Semillas de sésamo y amapola, cantidad necesaria
Planchas de pionono, 2
Queso blanco, 500g

Queso roquefort, 300g
Crema de leche, 150g
Nueces, 100g
Hojas de berro, 2 tazas
Morrones, 1 lata chica

◆ Colocar las tapas de pascualina sobre placas enmantecadas, untarlas con el huevo batido y espolvorear con las semillas. ◆ Cocinar en horno de temperatura moderada durante 18 minutos, deben resultar crocantes y ligeramente doradas, dejar enfriar. ◆ Aparte extender los piononos, untarlos con una mezcla preparada con el queso blanco, el roquefort pisado, la crema batida a medio punto, las nueces picadas y las hojas de berro. ◆ Distribuir los morrones cortados en tiritas, colocar encima las tapas de pascualina, ajustar muy bien. ◆ Cortar los sandwiches con cuchillo filoso o un cuchillo eléctrico dándoles la forma y el tamaño deseado.

Notas Para elaborar estos sandwiches o los de la página 48 pueden utilizarse piononos comprados o prepararlos según la receta de página 258.
Otra forma de presentarlos es utilizar tapitas para empanadas de copetín y cortar los piononos con cortapastas de la misma medida.

Sandwiches de pionono con picadillo de carne

24 PORCIONES

INGREDIENTES

Piononos, 3 planchas
de 4 huevos cada una
Carne de ternera, 500g
Ramo compuesto, 1
Sal y pimienta, a gusto

Pickles, 200g
Mostaza, 1 cucharada
Mayonesa, cantidad necesaria
Varios: Ananá, jamón cocido, aceitunas
verdes y negras, tomate

◆ Cocinar la carne en agua hirviendo con el ramo compuesto, sal gruesa y granos de pimienta. Cuando esté tierna, dejarla enfriar en el mismo caldo y luego procesarla con los *pickles* y la mostaza. Mezclar con la mayonesa hasta formar una pasta homogénea. ◆ Extender esta pasta en forma abundante sobre uno de los piononos, cubrir con otro pionono. ◆ Untar con mayonesa y acomodar cuartos de rodajas de ananá, jamón, aceitunas descarozadas y rodajas de tomate. ◆ Cubrir con otro pionono, ajustar y cortar los sandwiches en forma de rombos con un cuchillo filoso o eléctrico.

Sandwiches agridulces express

18 A 20

INGREDIENTES

Plancha de pionono, 1
Mayonesa, 6 cucharadas
Jamón cocido, 150g

Queso de máquina, 100g
Galletitas azucaradas,
cantidad necesaria

◆ Extender el pionono, untarlo con la mitad de la mayonesa, colocar el jamón y el queso de máquina, cubrir con el resto de mayonesa. ◆ Acomodar encima las galletitas azucaradas, que generalmente tienen forma de triángulos, tratando de dejar una pequeña luz entre una y otra galletita para que pueda introducirse la hoja de un cuchillo. ◆ Cortar los sandwiches con el formato de las galletitas.

Sandwiches triples

36 UNIDADES

INGREDIENTES

Planchas de pan de sandwiches, 18
Manteca fundida, 40g
Salsa *bechamel*, 300g
Mayonesa, 200g
Pollo cocido triturado, 1 taza
Atún, 1 lata chica
Queso roquefort, 150g

Jamón cocido, 250g
Queso de máquina, 200g
Huevos duros, 4
Tomates, 2
Hojas de lechuga, 2 tazas
Palmitos, 5
Morrones, 3

◆ Extender las tajadas de pan de sandwich, pincelarlas ligeramente con la manteca fundida y condimentada con 1 cucharadita de sal y superponerlas.
◆ Preparar una salsa *bechamel* espesa, mezclarla con 3 cucharadas de mayonesa y dividirla en 3 porciones, agregar a una de ellas el pollo triturado, a otra el atún escurrido y desmenuzado y a la última el queso roquefort pisado.

Armado de los sandwiches

◆ Sobre una tabla colocar una tajada de pan, extender una porción de la mezcla de pollo y distribuir rodajas de huevo duro, cubrir con otra tajada de pan, con la parte untada con manteca sobre el relleno, untar la parte superior de esta tajada de pan con mayonesa y acomodar rodajas de jamón, cubrir por último con otra tajada de pan, la parte untada con manteca sobre el jamón. ◆ Comenzar otra capa de sandwiches, sobre el armado colocar una tajada de pan, la parte untada con manteca hacia arriba, cubrir con pasta de atún, y si se desea aceitunas negras descarozadas, realizar lo mismo que la vez anterior, cubrir con pan, la parte enmantecada sobre el relleno, untar con mayonesa y distribuir tajadas de queso de máquina, tapar con pan, siempre con la parte enmantecada sobre el relleno y comenzar con otra capa de sandwiches. ◆ Ubicar pan con la parte untada hacia arriba, pincelar apenas con mayonesa y distribuir jamón, cubrir con pan, untar con mayonesa y colocar rodajas finas de tomate y lechuga cortada en juliana, cubrir con pan. ◆ Repetir hasta finalizar las rodajas de pan, con una tabla ajustar bien la pila de sandwiches, con un cuchillo recto, largo y filoso cortar primero los bordes, luego cortar toda la pila de sandwiches por la mitad y cada mitad en 3 partes. Es decir que se obtendrán 36 sandwiches triples.

> **Notas** En las casas especializadas se venden tablas para cortar sandwiches con las ranuras correspondientes para poder introducir el cuchillo y dividir las porciones.
> La sugerencia de preparar una base de salsa bechamel es para abaratar el costo de la preparación, en esa forma se realiza en las confiterías y los sabores resultan más suaves al ser mezclada con el roquefort o el atún.
> Los sandwiches triples se pueden preparar combinando no sólo los rellenos sino también los colores del pan. En este caso, armar los sandwiches con 4 capas de pan: comenzar por una capa de pan blanco, cubrir con relleno y por último pan negro; ajustar bien y cortar los sandwiches con el formato y tamaño deseados.

Sandwiches de miga simples

◆ Prepararlos utilizando pan blanco o negro untado a gusto, disponer jamón o queso sobre él, tapar con otra capa de pan con la parte untada hacia abajo.
◆ Cortar con forma de cuadrados, rectángulos o triángulos.

Capítulo 4

Buffet froid

Arrollado fácil de jamón

8 PORCIONES

INGREDIENTES

Jamón cocido, 10 fetas
Queso blanco, 200g
Gelatina sin sabor, 10g
Vino blanco, 4 cucharadas
Queso de máquina, 12 fetas
Hojas de acelga, 15

Arroz cocido, 1 taza
Zanahoria rallada, 1/2 taza
Mayonesa, 3 cucharadas
Sal y pimienta, a gusto
Huevos duros, 3

◆ Extender las fetas de jamón sobre papel adherente formando un rectángulo, untar con la mitad del queso blanco. ◆ Diluir la gelatina en el vino, colocar a baño de María revolviendo hasta calentar. Rociar con parte de esta gelatina el rectángulo de jamón, cubrir con el queso de máquina y luego con las hojas de acelga blanqueadas, es decir, sumergidas unos segundos en agua hirviendo con sal, luego en agua helada y escurridas sobre papel. ◆ Mezclar el arroz con la zanahoria, el resto de queso blanco y la mayonesa, condimentar con sal y pimienta. ◆ Colocar en un extremo del rectángulo el arroz y luego los huevos duros picados, rociar con el resto de gelatina y arrollar con ayuda de papel, ajustar y colocar en heladera por lo menos 3 horas. ◆ Quitar el papel y servir en una fuente alargada, salsear si se desea con mayonesa aligerada con jugo de limón y aderezada con 1 cucharada de especias a la provenzal. Decorar con vegetales torneados (véase presentación de bandejas, capítulo 12).

> **Nota** *Se pueden preparar rollitos individuales realizando el mismo procedimiento sobre cada feta de jamón.*

Arrollado multicolor de morrones

8 A 10 PORCIONES

Ingredientes

Ajíes morrones, 6
Sal y pimienta, cantidad necesaria
Espinaca cocida y picada, 2 tazas
Queso parmesano rallado, 1 taza

Ricota, 500g
Jamón cocido, 100g
Queso de máquina, 150g
Huevos duros, 6

◆ Colocar los ajíes en una fuente, cubrirlos con papel aluminio y cocinarlos 15 minutos en horno fuerte o dentro de una bolsa en microondas durante 5 minutos. ◆ Dejarlos reposar de 20 a 30 minutos y quitarles la piel, desechar las semillas y fibras, abrirlos y extenderlos sobre papel adherente algo superpuestos formando un rectángulo, espolvorearlos con abundante sal. ◆ Condimentar la espinaca bien exprimida con sal, pimienta y la mitad del queso rallado. ◆ Condimentar también la ricota con sal, pimienta y el resto de queso rallado. ◆ Acomodar la ricota sobre los ajíes, encima colocar las tajadas de jamón y luego las de queso, y por último la espinaca. ◆ Acomodar los huevos duros partidos por la mitad. Arrollar con ayuda del papel, ajustar muy bien y colocar en heladera por lo menos 3 o 4 horas para que se compacte. ◆ Servir cortado en rodajas sobre un espejo de mayonesa.

> **Notas** Si se desea servir como plato caliente colocar en microondas o envolver en papel aluminio y calentar en horno convencional 10 minutos a temperatura alta.
>
> Para lograr una fuente impactante utilizar morrones verdes, rojos y amarillos y disponerlos por color en líneas contrastantes.

Bondiola serrana

15 PORCIONES

INGREDIENTES

Bondiola, 1
Ajo, 1 cabeza
Aceite de oliva, 1 taza
Pimentón, 1 sobre

◆ Seleccionar una bondiola fiambre de textura muy tierna y fresca. Retirarle el envoltorio. Colocarla sobre papel aluminio y untarla con el ajo procesado a punto pomada. ◆ Rociar luego con el aceite de oliva y finalmente rebozarla con el pimentón. ◆ Arrollarla en el mismo papel formando un paquete y colocar en el freezer por lo menos una semana. ◆ Luego retirarla del paquete y cortarla en finísimas rodajas. Se puede utilizar para un *buffet* colocándola en una tabla rústica junto a una canasta con pancitos saborizados.

Notas

Si la presentación es para una mesa de gala se sugiere colocar sobre un amplio espejo escalonando las fetas en líneas curvas e intercalando otras líneas formadas con medallones de queso y croûtones *de pan*.

Si se utiliza en un buffet *informal presentarla sobre una tabla o base de madera; esto le dará a la mesa un toque rústico especial. Acompañar con variedad de quesos, panes de campo y escabeches.*

Budincitos multicolores de arroz

15 PORCIONES

INGREDIENTES

Arroz cocido en caldo, 300g
Mayonesa, 4 cucharadas
Espinaca cocida, 2 tazas
Dientes de ajo, 3
Aceite de oliva, 3 cucharadas
Zanahorias cocidas, 1/2 kilo
Ricota, 1/2 kilo
Calabaza cocida, 1/2 kilo
Sal, pimienta y queso parmesano, a gusto
Tomates, 3

◆ Cocinar el arroz en caldo durante 18 minutos, luego escurrirlo, dejarlo entibiar y mezclarlo con la mayonesa. ◆ Aceitar moldes individuales o en su reemplazo pocillos de los de té, distribuir el arroz cubriendo sólo el fondo y las paredes del molde. ◆ Exprimir muy bien la espinaca, picarla y saltearla con los ajos picados, en el aceite. ◆ Pasar las zanahorias por el prensa puré, realizar lo mismo con la calabaza. ◆ Condimentar la espinaca, el puré de zanahoria, la ricota y el puré de calabaza con sal, pimienta y 150g de queso parmesano rallado. ◆ Distribuir dentro del molde tapizado con arroz una porción de espinaca, luego una porción del puré de zanahorias, después una de ricota y por último puré de calabaza, alternando con rodajitas de tomate; cubrir con arroz, ajustar muy bien y desmoldar. Servir calientes cubiertos con salsa de tomate al natural o fríos con mayonesa.

> **Nota** *Si se desea que los budincitos tengan color en la parte exterior, mezclar las porciones de arroz condimentando una de ellas con la espinaca salteada sazonada con el queso rallado; otra porción con el puré de zanahoria y la tercera con el puré de calabaza, agregar, si desea, aceitunas fileteadas o morrones picados.*

Carré de cerdo al oporto

6 PORCIONES

INGREDIENTES

Carré de cerdo, 1 y 1/2 kilo
Orejones de duraznos, 250g
Oporto, a gusto
Sal, pimienta y romero, a gusto
Mostaza, 4 cucharadas
Manteca, 75g

◆ Desgrasar la carne, realizar un corte desde un extremo hacia el otro, abriendo el *carré* como un matambre. ◆ El día anterior remojar los orejones con el oporto. ◆ Condimentar la carne con sal, pimienta y el romero, untarla con la mitad de la mostaza y distribuir los orejones bien escurridos, reservar el oporto. ◆ Arrollar la carne, sujetarla con palillos y atarla para que no pierda la forma. Untar la parte exterior con el resto de la mostaza y la manteca. ◆ Colocar el *carré* en un recipiente para horno de su mismo tamaño, para que no se evaporen los jugos, rociar con el oporto reservado y dejar en reposo de un día para otro. ◆ Cocinar luego en horno de temperatura moderada durante 55 minutos, salseando de vez en cuando con el fondo de cocción. ◆ Dejar reposar, quitar la atadura y cortar en rodajas, servir frío.

> **Nota** *Si se desea preparar este plato en forma individual, utilizar churrasquitos de lomo o bondiola de cerdo fresca.*
> *Armarlos y arrollarlos siguiendo el procedimiento indicado en la receta. Disminuir el tiempo de cocción a 25 minutos.*

Cóctel de tomate

6 PORCIONES

INGREDIENTES

Tomates bien firmes, 1 kilo
Pimienta negra, a gusto
Semillas de amapola, 1 cucharada
Hojas tiernas de lechuga, cantidad necesaria
Blanco de apio cortado, 2 tazas
Huevos de codorniz, 12
Queso roquefort, 350g
Crema de leche, 200g
Salsa de Tabasco, 1 cucharadita
Azúcar, 1/2 cucharada
Rábanos, 2
Sal, a gusto

◆ Sumergir los tomates unos segundos en agua hirviendo, escurrirlos y quitarles la piel, cortarlos por la mitad y retirar las semillas y las fibras, luego cortarlos en *concassé*, es decir en cubitos, espolvorearlos con la pimienta y las semillas de amapola. ◆ Tapizar pomeleras o compoteras con hojas de lechuga, distribuir dentro el blanco de apio, el *concassé* de tomate, los huevos duros partidos en cuartos y el queso roquefort picado. Batir la crema a medio punto con la salsa de Tabasco, el azúcar, los rábanos rallados y sal a gusto, salsear el cóctel de tomate, decorar con hojitas de menta o berros.

Algunas variantes

◆ Una forma diferente para presentar este plato es colocar la preparación por cucharadas sobre *crêpes* y doblarlos en cuatro como pañuelitos. ◆ Salsear del mismo modo que se indica en la receta.

Ensalada de orange

8 A 10 PORCIONES

INGREDIENTES

Naranjas, 1 kilo
Zanahorias, 600g
Champiñones, 400g
Jamón crudo, 250g en un trozo
Nueces, 100g
Crema de leche, 150g

Sal y pimienta, a gusto
Salsa de soja, 2 cucharadas
Mostaza, 1 cucharadita
Limón, 1
Ciboulette, 3 cucharadas

◆ Pelar las naranjas a vivo y cortarlas en casquitos. Mezclar con las zanahorias ralladas, los champiñones fileteados, el jamón cortado en fina juliana y las nueces picadas gruesas. ◆ Condimentar la crema con sal, pimienta, la salsa de soja, la mostaza y 1 cucharadita de ralladura de piel de limón y 3 o 4 cucharadas de jugo de limón, verter sobre la ensalada y espolvorear con la *ciboulette* picada.

Ensalada agridulce

6 A 8 PORCIONES

INGREDIENTES

Jamón crudo, 250g
Kiwis, 4
Bananas, 2
Choclo en grano, 2 tazas
Jugo de limón,
cantidad necesaria

VINAGRETA

Aceite de maíz, 5 cucharadas
Sal, pimienta y mostaza, a gusto
Miel, 1 cucharadita
Aceto balsámico o vinagre de manzana,
2 cucharadas

◆ Cortar el jamón en juliana. ◆ Pelar los kiwis y bananas, cortar los primeros en cubitos y las otras en rodajas (rociarlas con jugo de limón). ◆ Disponer estos ingredientes y el choclo en un bol. ◆ Preparar la vinagreta mezclando todos sus componentes y entibiarla; rociar la ensalada y servirla.

Nota: Se puede utilizar otras frutas (melón, papaya, manzana). Las manzanas y bananas deben rociarse enseguida con jugo de limón para que no se oxiden.

Flancitos de roquefort y nuez

8 A 10 PORCIONES

INGREDIENTES

Leche, 1 litro
Queso roquefort, 450g
Crema de leche, 250g
Puerros, 3
Manteca, 30g

Huevos, 6
Yemas, 4
Sal, pimienta y nuez moscada, a gusto
Nueces, 150g

◆ Hervir la leche y reservarla. ◆ Aparte cortar el roquefort en trocitos y colocar en procesadora o licuadora con la crema, procesar. ◆ Aparte cortar los puerros en rodajitas muy finas, incluso la parte verde tierna, cocinar en la manteca. ◆ Batir ligeramente los huevos y las yemas, mezclar con los puerros, el roquefort y la leche tibia. Condimentar con poca sal, pimienta de molinillo y nuez moscada, agregar la mitad de las nueces picadas gruesas.
◆ Enmantecar o rociar con *spray* vegetal 8 a 10 moldes individuales y espolvorear con bizcochos molidos. Distribuir dentro la preparación y cocinar en horno de temperatura moderada a baño de María durante 35 minutos. Verificar la cocción, dejar enfriar y desmoldar. ◆ Decorar cada uno de ellos con un copete de mayonesa o queso blanco y 1/2 nuez mariposa.

> **Nota** Se puede preparar un flan grande utilizando un molde de budín inglés o flanera en lugar de moldecitos individuales. Para no tener problemas al desmoldarlo, tapizar el fondo con papel manteca o metalizado.
> Salsearlo con mayonesa aligerada con jugo de limón, 1 cucharada de coñac y 2 o 3 cucharadas de crema de leche; espolvorear con nueces picadas gruesas.

Huevos rellenos con palmitos y salsa golf

8 PORCIONES

Ingredientes

Huevos, 8
Palmitos, 1 lata chica
Salsa golf, 5 cucharadas
Crema de leche, 250g
Sal y pimienta, a gusto
Pan de molde, 8 rodajas

Queso fundido fontina, 100g
Queso blanco, 200g
Gelatina sin sabor, 7g
Limón, cantidad necesaria
Curry, una pizca

◆ Cocinar los huevos en agua con sal durante 7 minutos, pasarlos por agua fría y pelarlos, cortarlos por la mitad, retirar las yemas y pisarlas. ◆ Mezclar con parte de los palmitos picados, la salsa golf y 2 o 3 cucharadas de la crema, condimentar con sal y pimienta, distribuir dentro de las claras. ◆ Cortar las rodajas de pan con ayuda de un cortapasta de un diámetro 2 cm mayor que las mitades de huevo, tostarlas y untarlas con el queso fundido. ◆ Apoyar los huevos sobre el pan con el relleno hacia abajo. Mezclar la crema con el queso blanco, condimentar con sal y pimienta. ◆ Diluir la gelatina con jugo de limón, colocar sobre fuego revolviendo hasta calentar, verter lentamente sobre la crema y el queso, agregar el *curry*, mezclar y cubrir los huevos. ◆ Decorar con el resto de palmitos cortados en rodajas, medalloncitos de morrones y hojitas de perejil.

> **Nota**
> *Ésta es una muy buena opción para presentar como primer plato. Si se desea ofrecer un* buffet *con mucha variedad se pueden preparar con huevitos de codorniz y reducir el tamaño de los medallones de pan.*

Jamoncito tiernizado al vino madeira

10 PORCIONES

Ingredientes

Jamoncito tiernizado, 800g
Clavos de olor, cantidad necesaria
Manzanas, 3
Naranjas, 4
Ananá en almíbar, 1 lata

Azúcar rubia, 7 cucharadas
Pimienta negra, a gusto
Vino madeira o similar, 300cc
Uvas y cerezas, para decorar
Mostaza, 1/2 cucharada

◆ Con un cuchillo filoso realizar, sobre uno de los lados del jamón, cortes formando rombos, retirando las tiritas de grasa. Insertar en cada rombo un clavo de olor. ◆ Colocar en una fuente para horno las manzanas peladas y cortadas en cubos, las naranjas peladas a vivo y cortadas en casquitos y 2 o 3 rodajas del ananá, acomodar el jamón sobre las frutas, espolvorearlo con el azúcar y con pimienta de molinillo, rociar con el vino y el almíbar del ananá. ◆ Cocinar en horno de temperatura moderada durante 50 minutos, rociándolo de vez en cuando con el fondo de cocción. ◆ Colocar el jamón en la fuente de presentación y cortar 4 o 5 rodajas; decorar con el ananá reservado, uvas y cerezas. ◆ Procesar las frutas cocidas con el jugo de cocción y la mostaza. Salsear ligeramente el jamón y servir el resto en salsera aparte.

Notas

Para esta preparación se puede utilizar cualquier jamón cocido, pero los que vienen envasados resultan muy convenientes; depende también del número de comensales.

Si se sirve tibio, acompañarlo con puré de batatas mezclado con nueces molidas y crema de leche.

Si se sirve frío, presentarlo con ensalada de rúcula y tomates concassé.

Langostinos agridulces

6 PORCIONES

INGREDIENTES
Ananá fresco, 1/2
Pimienta negra en grano, 1 cucharada
Salsa de soja, 2 cucharadas
Langostinos, 1 kilo
Manzanas verdes, 1/2 kilo
Blanco de apio, 1
Brotes de soja, 1 taza

SALSA
Salsa golf, 150g
Azúcar, 2 cucharadas
Limones, 2

◆ Procesar la mitad del ananá con la pimienta y la salsa de soja. ◆ Limpiar los langostinos, quitarles a la mitad la cabeza. A estos últimos macerarlos con la preparación de ananá, dejar en reposo por lo menos dos horas. ◆ Pelar las manzanas y cortarlas en bastones, limpiar el apio raspándole los hilos, cortarlos en trozos de 2 cm. ◆ Cortar también el resto de ananá en cubitos y agregar los brotes de soja, acomodar en una fuente. ◆ Mezclar la salsa golf con el azúcar y el jugo de los 2 limones, rociar la preparación con parte de la salsa, colocar el resto en una compotera o bol y llevar a la mesa para que cada comensal se sirva si lo desea. Decorar con los langostinos con cabeza reservados.

> *Nota* El jugo de limón puede ser reemplazado por jugo de pomelo. En este caso elegir lindos pomelos, ahuecar con prolijidad sus medias cáscaras y servir en ellas la ensalada. Disponer hojas de lechuga y sobre ellas el medio pomelo con la ensalada.

Langostinos a la mexicana

5 PORCIONES

INGREDIENTES

Langostinos, 1 kilo
Cerveza, 200cc
Pimienta en grano, 2 cucharadas
Laurel, 2 hojas
Ají rojo, 1
Ají verde, 1
Cebolla, 1

Tomates, 2
Dientes de ajo, 2

ADEREZO

Jugo de 1 limón
Mayonesa, 3 cucharadas
Salsa chili, 1 cucharada

◆ Limpiar los langostinos y reservar las cabezas. Macerarlos durante una hora en la cerveza con la pimienta y el laurel. ◆ Escurrirlos, mezclarlos con el ají rojo, el verde y la cebolla cortados en dados, añadir los tomates cortados en *concassé* y los dientes de ajo en láminas finas, macerar la preparación con preferencia de un día para otro. ◆ Aderezar con una salsa preparada con el jugo de limón, la mayonesa y la salsa chili. Acompañar con timbales de arroz blanco.

Timbales de arroz blanco

◆ Hervir 5 pocillos de arroz en agua y limón (proporción de acuerdo con el gusto personal) hasta que esté *al dente*. Retirarlo, unirlo a 200g de queso crema y agregarle 100g de aceitunas rellenas y picadas. ◆ Llenar pequeños moldecitos limpios (pueden ser vasitos descartables), presionar bien y desmoldar.

> **Nota**
> Para hervir el arroz utilizar tres partes de agua por una de arroz.

Lechón deshuesado

30 A 35 PORCIONES

INGREDIENTES

Lechón de 10 kilos, 1
Sal, 2 cucharadas soperas
Pimienta, 1/2 cucharada
Jugo de limón
Orégano, 4 cucharadas
Ají molido, 2 cucharadas
Pimentón, 1 cucharada

Dientes de ajo, 6
Perejil picado, 1 taza colmada
Aceite, 1/2 taza de las de té
Vinagre, 1/2 taza de las de té
Gelatina sin sabor, 42g
Agua, 1 taza de las de té

◆ Limpiar el lechón, retirándole las vísceras, lavarlo y secarlo. Retirar también la cabeza, lavarla muy bien y envolverla en papel aluminio para cocinarla. Condimentar con sal, pimienta y rociar con limón, dejarlo en reposo media hora antes de cocinar. ◆ Acomodar sobre una placa grande para horno tablitas de madera planas, colocar encima el lechón con el cuero para abajo y las costillitas hacia arriba. Llevar a horno precalentado y cocinar a temperatura moderada (150°C) de 3 a 4 horas aproximadamente. Calcular que tres kilos de carne llevan una hora quince minutos de cocción. ◆ Para controlar el punto justo de cocción, introducir un cuchillo de punta en la paleta o el jamón, el jugo no debe ser rojo sino lo más cristalino posible. Retirar del horno y dejar entibiar a temperatura ambiente.

Deshuesado

◆ Comenzar a deshuesar el lechón limpiando las costillitas desde afuera hacia adentro, luego limpiar el contorno de las vértebras o espinazo y retirarlo del cuello a la cola (dibujo 1). ◆ Para deshuesar la paleta y el jamón, tajear la carne y hasta llegar al hueso (dibujo 2), con ayuda de los dedos retirar el hueso desprendiendo toda la carne. Los únicos huesos que deben dejarse son los de las patitas, para que el lechón no pierda la forma.

Armado

◆ Con un cuchillo grande y filoso retirar parte de la carne del jamón y la paleta, colocar esos trozos en los lugares más delgados, como las costillas, tratando de que la carne quede distribuida en forma pareja. Presionar con las manos para nivelar toda la carne. ◆ Acomodar el lechón sobre una bandeja plana con el cuerito hacia abajo. Pasar hilos gruesos por debajo del lechón en forma horizontal y vertical cada 10 cm, atarlos en la parte superior, para darle buena forma rectangular (dibujo 3). ◆ Diluir la gelatina con el agua, cocinar revolviendo hasta que rompa el hervor y dejar entibiar. ◆ Mezclar el ajo y perejil picados con el orégano, el ají molido, el pimentón, sal y pimienta; añadir el aceite y el vinagre. Incorporar la gelatina, mezclar bien y cubrir por cucharadas toda la superficie del lechón. ◆ Presionar muy bien para que el condimento se una a la carne, dejar descansar y llevar a heladera de un día para otro. ◆ Antes de servir, retirar los hilos y cortar en 6 tiras a lo largo y luego en cuadritos parejos, de esta forma se obtienen de cien a ciento veinte cubos de carne (dibujo 4).

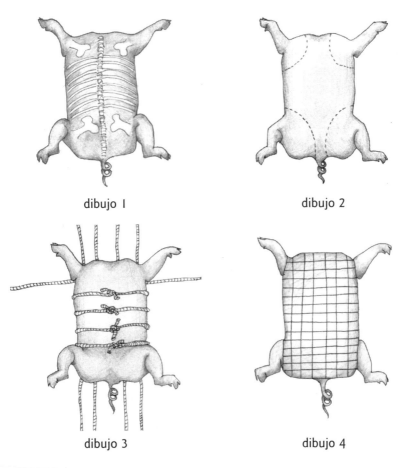

dibujo 1

dibujo 2

dibujo 3

dibujo 4

Lomo glaseado

12 PORCIONES

INGREDIENTES
Lomo ahumado, 1 kilo
Pimienta de molinillo, a gusto
Mostaza, 1 taza
Mayonesa, 1 taza
Azúcar negro, 5 cucharadas
Ananá en almíbar, 1 lata
Cerezas al marrasquino, 150g

◆ Quitarle la piel al lomo, cortarlo a lo largo y espolvorearlo con pimienta de molinillo. ◆ Mezclar la mostaza con la mayonesa y el azúcar negro, distribuir sobre el lomo, colocarlo en una cacerola, rociar con parte del almíbar y cocinar a fuego lento, añadiendo lentamente más almíbar hasta concentrar una salsa espesa. El tiempo de cocción es aproximadamente 20 a 25 minutos. ◆ Servir frío o caliente cortado en rodajas alternando con las rodajas de ananá y las cerezas. ◆ Para completar el plato, acompañar con cebollitas y batatas glaseadas.

Cebollitas y batatas glaseadas

◆ Pelar y cortar en cubos o rodajas 500g de batatas. ◆ Pelar 300g de cebollitas pequeñas. Cocinar los vegetales individualmente en agua con sal hasta que estén tiernos. ◆ Colocar en una sartén una cucharada de manteca y los cubos de batata, espolvorear con tres cucharadas de azúcar y cocinar moviendo el recipiente hasta que comiencen a acaramelarse. Repetir con las cebollitas.

Matambre con tres carnes

15 PORCIONES

INGREDIENTES

Matambre, 1
Sal, pimienta y hierbas, a gusto
Supremas, 2
Panceta ahumada, 150g
Huevos crudos, 3
Queso sardo rallado, 1 taza
Morrones, 1 lata
Gelatina sin sabor, 10g
Ajo y perejil, 3 cucharadas
Huevos duros, falta cantidad

◆ Desgrasar bien el matambre, condimentarlo con sal, pimienta y hierbas a gusto (ají molido, orégano, etcétera), filetear las supremas y acomodarlas sobre el matambre, agregar las tiras de panceta. ◆ Mezclar los huevos con el queso y el ajo y el perejil hasta formar una pasta, distribuir sobre el matambre, colocar los morrones cortados en tiras, espolvorear la gelatina. ◆ Colocar los huevos duros cortados en cuartos y arrollar la carne, sujetarla bien y envolverla en papel manteca y luego en papel adherente, cocinar en agua hirviendo con sal durante 1 hora y 40 minutos; verificar la cocción, dejar enfriar en la misma agua y luego prensarlo ligeramente. ◆ Servirlo cortado en rodajas sobre hojas verdes.

Notas
La mezcla de huevos crudos y queso tiene la función de aglutinar el relleno para que las carnes arrolladas puedan cortarse sin que se deshagan; también se puede espolvorear el relleno con abundante gelatina sin sabor.
Es importante, cuando el matambre esté cocido, dejarlo enfriar en el agua de cocción para que no se oscurezca; luego apoyarlo sobre una tabla, colocar encima otra tabla con un peso ligero (puede se una cacerola con agua).

Paltas con camarones

6 PORCIONES

INGREDIENTES

Camarones, 500g
Salsa golf, 3 cucharadas
Pimentón dulce, 1 cucharada
Vino jerez, 3 cucharadas

Paltas, 3
Limón, 1
Queso Philadelphia, 200g
Sal y pimienta, a gusto

◆ Limpiar los camarones y retirarles las cabezas. ◆ Mezclar la salsa golf con el pimentón y el vino, dejar macerar unos minutos, agregar esta salsa a los camarones. ◆ Cortar las paltas por la mitad, retirarles los carozos y la pulpa cuidando de no dañar las cáscaras, reservarlas; luego pisar la pulpa y rociarla con el jugo de limón. ◆ Mezclar la pulpa con el queso blanco condimentado con sal y pimienta y colocar en una manga con boquilla rizada. ◆ Rellenar las paltas con la mezcla de camarones y decorar con un copete de la crema de queso y palta. ◆ Servir en una fuente y acompañar con rodajas de limón o pomelo.

Nota: La crema de queso y palta se puede utilizar para untar tostadas y decorarlas con camarones.

Una variante

◆ Esta preparación puede transformarse en ensalada si se le incorporan dados de queso *gruyère* y rodajas de palmitos. ◆ Pisar sólo la mitad de la pulpa de las paltas, el resto cortarlo en dados pequeños y agregarlo a la ensalada.

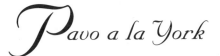

Pavo a la York

15 PORCIONES

Ingredientes

Pavo de 8 kilos, 1
Sal, pimienta y manteca, a gusto
Coñac, 1 copa
Panceta fresca cortada fina, 100g
Manzanas ácidas, 2
Cebolla, 1
Paté de *foie*, 1 lata
Manteca, 30g
Jamón cocido, 250g

Para decorar

Huevos hilados (véase pág. 246), ciruelas negras, rodajas de ananá, cerezas o uvas

♦ Limpiar muy bien el pavo, secarlo y atarlo para que mantenga su forma, luego frotarlo con sal y pimienta, rociarlo con el coñac y untarlo ligeramente con la manteca pisada con sal. ♦ Colocar sobre la pechuga tajadas de panceta y en su interior y en el buche las manzanas y la cebolla cortada en cuartos. ♦ Cocinar en horno caliente 20 minutos, luego bajar la temperatura y rociar con su mismo jugo durante la cocción, que llevará por lo menos 3 y 1/2 horas. ♦ Dejarlo enfriar, cortar la pechuga en rodajas finas, untarlas con el paté pisado con la manteca e intercalar el jamón armando nuevamente la pechuga. ♦ Decorar con huevos hilados (véase pág. 246), las ciruelas, las rodajas de ananá y las cerezas o uvas, bordear con tomatitos rellenos, tarteletas y rollos de jamón con huevos hilados.

Notas

Como orientación, se aconseja calcular 1/2 hora de cocción a temperatura moderada por cada kilo de pavo.

El pavo se puede macerar inyectándole coñac mezclado con jugo de naranja; de este modo, además, la carne resultará más tierna.

Otro modo de macerarlo es dejarlo de un día para otro con rodajas de manzanas y cuartos de naranja y limón.

Peceto en salsa de palmitos

15 PORCIONES

INGREDIENTES

Peceto, 1/2 kilo
Sal, pimienta y mostaza, a gusto
Vino jerez, 1/2 vaso
Aceite de oliva, 2 cucharadas
Palmitos, 1 lata grande
Mayonesa, 200g
Gelatina, 7g

Jugo de limón, cantidad necesaria
Manzanas Granny Smith, 1 kilo
Apio, 1 planta
Zanahoria rallada, 1 taza
Salsa golf, 150g
Nueces, 150g

◆ Desgrasar el peceto, condimentarlo con sal y pimienta, untarlo con mostaza y acomodarlo sobre un trozo de papel metalizado, rociarlo con el jerez y el aceite y envolverlo herméticamente con el papel. ◆ Colocarlo en una asadera con 2 a 3 centímetros de agua y cocinarlo en horno de temperatura moderada durante 1 hora 20 minutos. Dejarlo enfriar y cortarlo en rodajas finas. ◆ Reservar 2 palmitos para decorar, el resto procesarlos con la mayonesa. Diluir la gelatina con 2 cucharadas de jugo de limón y 2 o 3 cucharadas de agua de los palmitos, luego colocar sobre fuego revolviendo hasta calentar. ◆ Mezclar con la salsa de palmitos, cubrir con esta preparación las rodajas de carne, acomodarlas en forma escalonada bordeando una fuente, decorar cada tajada con una rodajita de los palmitos reservados y 1 hojita de apio. ◆ Para la ensalada mezclar las manzanas peladas y cortadas en cubitos con el apio cortado en rodajitas y la zanahoria, condimentar con sal, pimienta, jugo de limón y la salsa golf. ◆ Distribuir en el centro de la fuente, espolvorear con las nueces picadas.

Nota: La salsa de palmitos también puede ser utilizada para acompañar carnes blancas.

Pechuga de pavo rellena con salsa de manzana

10 A 12 PORCIONES

INGREDIENTES

Panceta ahumada, 200g
Jamón cocido, 200g
Cebolla chica, 1
Manzanas Rome, 2
Zanahorias, 2
Queso *gruyère*, 200g
Claras, 3
Pechuga de pavo, 1
Manteca, 100g
Sal y pimienta, a gusto
Coñac, 1 copa
Limón, 1

◆ Procesar la panceta con el jamón y la cebolla, agregar las manzanas, las zanahorias y el queso rallado, unir con las claras ligeramente batidas.
◆ Deshuesar la pechuga y abrir ambos lados formando una bolsa, rellenar estos huecos con la preparación anterior, cerrar la abertura con palillos.
◆ Derretir la manteca, condimentarla con 1 cucharada de sal y 1/2 de pimienta, retirar del fuego y agregar el coñac y el jugo del limón, verter sobre la pechuga de pavo y dejar macerar 2 horas, luego escurrirla. Acomodarla sobre papel de aluminio, distribuir encima unos trocitos de manteca y envolverla en el papel. ◆ Cocinar en horno de temperatura moderada durante 1 hora y 15 minutos. Cuando esté cocida dejarla enfriar y filetearla, acomodarla en una fuente y cubrirla con la salsa de manzanas.

Salsa de manzanas

◆ Colocar en una cacerola 4 manzanas Rome ralladas, agregar 1 cucharada de azúcar, 1 cucharada de fécula de maíz y el jugo de maceración de la pechuga. Cocinar revolviendo hasta que rompa el hervor, procesar en caliente y utilizar.

Perlas de melón al oporto con virutas de jamón

6 PORCIONES

INGREDIENTES

Melones pequeños, 2
Vino oporto, 2 vasos
Azúcar, 100g
Jamón cocido cortado fino, 250g

Pimienta negra de molinillo,
1 cucharadita
Cerezas frescas, 250g

◆ Cortar los melones por la mitad con un cuchillo de tornear formando ondas o picos. Retirar el jugo, las semillas y las fibras, ahuecarlos con la cucharita que se usa para tornear papas *noisette*. ◆ Macerar estas perlitas de melón con el oporto, el azúcar y media cucharadita de pimienta negra recién molida. ◆ Cortar el jamón en juliana, rellenar los medios melones con el jamón y las perlas de melón. ◆ Decorar con las cerezas descarozadas.

Ramaquin de espárragos

8 A 10 PORCIONES

INGREDIENTES

Puerros, 5
Manteca, 50g
Aceite de oliva, 4 cucharadas
Espárragos trigueros cocidos, 4 tazas
Huevos, 6
Crema de leche, 300g
Leche, 150cc
Fécula de maíz, 2 cucharadas
Queso *gruyère* rallado, 150g
Sal, pimienta y tomillo, a gusto

◆ Cortar en rodajas el blanco de los puerros y la parte verde tierna, cocinar en la manteca y aceite, colocar en procesadora o licuadora los puerros, las puntas de espárrago cocidas en agua con sal, los huevos, la crema, la leche, la fécula y el queso rallado. ◆ Condimentar con sal, pimienta y tomillo, distribuir la preparación en 8 o 10 moldecitos enmantecados y con una base de papel manteca en el fondo para que resulte más fácil desmoldarlos. ◆ Cocinar a baño de María en horno de temperatura moderada durante 40 minutos. Verificar la cocción pinchando con un palillo. ◆ Dejar entibiar y desmoldar sobre un *coulis* de tomate.

Coulis de tomate

◆ Rehogar 1 cebolla en 25g de manteca, agregar 400g de tomates pelados y sin las semillas, condimentar con sal, pimienta, una pizca de azúcar, 1/2 hoja de laurel, tomillo y perejil, cocinar 3 o 4 minutos. Licuar o procesar y luego pasar por chino o colador común.

> **Nota**: *Los espárragos se pueden reemplazar por corazones de alcauciles hervidos o champiñones.*

Tarta de champiñón y camarones al curry

8 PORCIONES

INGREDIENTES
MASA
Harina, 300g
Sal, pimienta y *curry*, a gusto
Manteca, 100g
Agua o leche, 100cc
Puerros, 3
Manteca y aceite, cantidad necesaria

Champiñones, 300g
Camarones, 200g
Vino blanco seco, 1/2 vaso
Crema de leche, 200g
Huevos, 3
Ciboulette, 3 cucharadas

◆ Colocar la harina en un bol con sal, pimienta blanca y 1 cucharadita de *curry*, agregar la manteca y desmigarla formando un granulado, añadir el agua o leche y tomar la masa sin amasar. Dejar reposar tapada en heladera por lo menos 30 minutos. ◆ Aparte cortar los puerros en rodajitas incluso la parte verde tierna, colocarlos sobre fuego con 30g de manteca y 2 cucharadas de aceite de oliva, cocinar 2 minutos, agregar los champiñones fileteados, cocinar 2 minutos más, añadir los camarones y rociar con el vino. ◆ Proseguir la cocción hasta que el vino se evapore, retirar del fuego y mezclar con la crema y los huevos ligeramente batidos. ◆ Condimentar con sal, pimienta y 1/2 cucharadita de *curry*. ◆ Estirar la masa y tapizar una tartera desmontable de 30cm de diámetro, colocar la preparación y espolvorear con *ciboulette*. Cocinar en horno de temperatura moderada durante 40 minutos.

Notas
La crema de leche se puede reemplazar por igual cantidad de queso blanco para que resulte más liviana.
Para obtener una textura más aireada, incorporar primero las yemas y después, en forma envolvente, las claras batidas a nieve.

Capítulo 5

Platos calientes

Arrolladitos de jamón y espárragos

6 PORCIONES

Ingredientes

Jamón cocido, 6 rodajas
Queso de máquina, 6 rodajas
Papas, 500g
Queso parmesano, 200g
Yemas, 2
Sal y pimienta, a gusto
Espárragos, 2 latas
Crema de leche, 200g

◆ Colocar sobre un trozo de papel manteca o adherente una rodaja de jamón, acomodar encima una de queso, realizar lo mismo con las otras porciones. ◆ Cocinar las papas en agua con sal, cuando estén tiernas escurrirlas y pisarlas, mezclarlas con la mitad del queso rallado grueso, las yemas y condimentar con sal y pimienta. ◆ Distribuir sobre las rodajas de jamón y queso, por último colocar las puntas de espárragos y arrollar. Con la ayuda de un papel ajustar bien, luego, retirar el papel y acomodar en una fuente para horno. ◆ Rociar con la crema y espolvorear con el resto de queso, gratinar en horno caliente.

Una variante

◆ Tapizar un molde de tarta con un disco de masa comprada. Disponer en su interior los rollos de jamón y espárragos y rociar con la crema. Espolvorear con el queso rallado y cocinar hasta que la masa esté dorada y crocante.

Arrollado verde de ricota

6 PORCIONES

Ingredientes

Masa
Espinaca cocida, 2 tazas
Sal, pimienta y nuez moscada, a gusto
Harina leudante, 5 cucharadas
Huevos, 5

Relleno
Ricota, 1 kilo
Sal y pimienta, a gusto

Huevo crudo, 1
Morrones, 1 lata
Huevos duros, 2
Aceitunas negras, 100g

Salsas
Salsa *bechamel* (pág. 248), 400g
Salsa de tomate (pág. 250), 1 taza
Queso rallado, 3 cucharadas

◆ Exprimir muy bien la espinaca y pisarla, condimentarla con sal, pimienta y nuez moscada, mezclar con la harina. Separar las yemas de las claras, añadir las yemas a la preparación y por último las claras batidas a nieve. ◆ Tapizar una placa de 25 x 35 cm con papel manteca enmantecado y enharinado. ◆ Extender la preparación sobre la placa forrada y cocinar en horno de temperatura moderada de 10 a 15 minutos. ◆ Retirar del horno y desmoldar sobre un lienzo humedecido, espolvorear con azúcar, retirar el papel y arrollarlo en caliente para que tome forma, dejar enfriar. ◆ Aparte condimentar la ricota con la sal y pimienta, agregar el huevo. ◆ Distribuir esta mezcla sobre la masa del arrollado y acomodar encima tiras de morrones, huevos duros cortados en cuartos y las aceitunas descarozadas. ◆ Arrollar y colocar en una fuente para horno, cubrir con la salsa *bechamel*, salsear en forma despareja con la salsa de tomate, espolvorear con el queso y llevar a horno de temperatura moderada de 10 a 12 minutos. ◆ En el momento de servir, acomodar alrededor triángulos de pan tostado pincelados con manteca y pimentón.

Bisque de camarones

6 PORCIONES

Ingredientes

Camarones con cáscara, 400g
Caldo de pescado, 1 litro
Hinojo, 1 bulbo
Perejil, 1 ramita
Laurel, 1 hoja
Cebollas, 2
Vino blanco seco, 1 vaso
Manteca, 30g
Tomillo fresco, 1 ramita
Harina, 60g
Leche, 350cc
Crema de leche, 100g
Brandy, 2 cucharadas

◆ Pelar los camarones y colocarlos en una cacerola junto con el caldo; sus cáscaras y cabezas envolverlas en un lienzo y agregarlas a la cacerola. ◆ Añadir el hinojo cortado en rodajitas, el perejil, el laurel, la mitad de las cebollas cortadas y el vino, cocinar a fuego lento durante 25 minutos. Filtrar por un colador, retirar los camarones y cortarlos en trocitos. ◆ Rehogar en la manteca la cebolla restante picada y el tomillo; cuando la cebolla esté transparente, agregar los camarones, saltear y añadir la harina, incorporar lentamente el caldo revolviendo hasta formar una salsa rosada. ◆ Agregar la leche, la crema y el brandy, calentar y servir con hebras de hinojo.

> **Nota** Esta sopa clásica se puede enriquecer acompañándola con rodajas de pan descortezado pinceladas con manteca, espolvoreadas con curry o azafrán y tostadas en el horno; distribuirlas en los boles o platos y cubrir con una porción de bisque de camarones. También se puede cascar una yema sobre cada rodaja de pan, antes de servir la sopa.

Bouillabaise

8 A 10 PORCIONES

Ingredientes

Cebolla, 1
Dientes de ajo, 3
Puerros, 2
Aceite de oliva, 5 cucharadas
Tomates, 3
Merluza, 650g
Brótola, 650g
Corvina, 650g
Vino jerez, 1 vaso
Azafrán, 1 cucharadita
Sal y pimienta, a gusto
Mejillones, 1 kilo
Camarones, 250g
Tostadas, 8

◆ Picar la cebolla, el ajo y los puerros; saltearlos en el aceite, agregar los tomates pelados y picados, cocinar un minuto y añadir los pescados cortados en postas. ◆ Rociar con el vino, agregar 1 y 1/2 litro de agua caliente, condimentar con el azafrán, sal y pimienta de molinillo. Aparte, colocar los mejillones en una cacerola tapada sobre fuego, moverlos hasta que abran, retirarlos de las valvas, agregarlos a la preparación junto con los camarones limpios. ◆ Filtrar por un lienzo el agua soltada por los mejillones y añadir a la preparación, agregar el perejil y el *bouquet garni*, cocinar 20 minutos. ◆ Retirar con cuidado los pescados, desechar las espinas centrales y filtrar el caldo. ◆ Servir la *bouillabaise* en tazones, colocar en el fondo las tostadas, encima los trozos de pescados y mariscos y cubrir con el caldo.

> **Nota** *Este plato por lo general se prepara con tres o cuatro clases diferentes de pescados, pero puede simplificarse utilizando una sola clase de pescado, mejillones y otros mariscos de lata.*

Cazuelitas de lentejas a la española

10 A 12 PORCIONES

INGREDIENTES

Lentejas, 650g
Panceta ahumada o fresca, 250g
Cebollas, 2
Ají verde, 1
Dientes de ajo, 2
Sal, pimienta, pimentón, romero, orégano y ají molido, a gusto

Salsa de tomate (pág. 250), 200g
Vino blanco seco, 1 vaso
Puré de papas, 1 y 1/2 kilo
Cantimpalo, 350g
Queso mantecoso, 250g
Queso rallado, 150g
Manteca, 75g

◆ Remojar las lentejas por lo menos 3 horas y cocinarlas 20 minutos. ◆ Cortar la panceta en tiritas y desgrasarla en una sartén a fuego suave. ◆ Agregar las cebollas picadas finas y el ají cortado en *concassé*, es decir en cuadraditos muy pequeños, rehogar y añadir los dientes de ajo picados, condimentar con sal, pimienta, 1 cucharadita de pimentón, romero, orégano y ají molido. ◆ Agregar las lentejas escurridas, incorporar la salsa de tomate y el vino, proseguir la cocción a fuego suave hasta que las lentejas estén tiernas. ◆ Tapizar las cazuelitas individuales con el puré de papa, distribuir sobre el puré el cantimpalo cortado en rodajas finas y cubos de queso. ◆ Colocar en cada cazuelita porciones de lentejas y cubrir con puré, espolvorear con queso y rociar con la manteca fundida. ◆ Gratinar en el momento de servir.

> *Nota* Con esta receta puede prepararse un pastel forrando con la mitad del puré un molde rectangular de 20 x 30 cm; rellenar como se indica en la receta y cubrir la superficie con un enrejado realizado con el puré restante puesto en manga con boquilla rizada gruesa.

Borsch (sopa roja)

12 PORCIONES

INGREDIENTES

Zanahorias, 2
Apio, 3 ramitas
Puerros, 3
Laurel, 2 hojas
Repollo, 1/2
Remolachas, 1/2 kilo

Sal y pimienta, a gusto
Manteca, 50g
Cebollas, 2
Harina, 1 cucharada
Azúcar, 1 cucharada
Crema de leche, 250g

◆ Cortar las zanahorias en cubitos y en rodajas el apio y los puerros, colocar en una cacerola cubierta con abundante agua. ◆ Agregar el laurel, el repollo en juliana y las remolachas peladas y cortadas en cubitos, condimentar con sal y pimienta y cocinar a fuego lento. ◆ Aparte rehogar en la manteca las cebollas picadas, incorporar la harina y el azúcar, mezclar y añadir a las verduras, proseguir la cocción hasta reducir a la mitad. ◆ Retirar del fuego y servir en cazuelas individuales, distribuir sobre cada una de ellas una cucharada de crema ligeramente batida.

Notas

Si se desea, se puede procesar y servir el borsch en forma de sopa crema acompañado por cubos de pan tostado.

Si el borsch se sirve al plato agregar, al comienzo de la cocción, panceta o carne de cerdo cortada en dados de tamaño mediano junto con medio limón para fijar el color rojo.

Peceto a la crema de espárragos

12 PORCIONES

INGREDIENTES

Peceto mediano, 1
Jamón cocido, 100g en un trozo
Queso *gruyère*, 100g
Sal y pimienta, a gusto
Leche, 600cc
Espárragos cocidos, 24

Sopa crema de espárragos, 1 paquete
Queso blanco, 200g
Jamón cocido, 150g
Queso fresco, 100g
Papas, 1 y 1/2 kilo

◆ Desgrasar la carne y mecharla con el jamón y el queso cortados en tiras, condimentarla con sal y pimienta, envolverla en papel de aluminio y cocinarla en horno caliente de 45 a 50 minutos. ◆ En la mitad de la cocción abrir el papel y dejar que se dore. ◆ Cortar el peceto y en una fuente disponerlo en forma escalonada. ◆ Cocinar la leche con la sopa crema revolviendo con cuchara de madera hasta que rompa el hervor y espese, retirar del fuego, mezclar con el queso blanco y salsear la carne. ◆ Envolver los espárragos con tiras de jamón, colocarlos en la fuente de la carne, distribuir sobre los espárragos un trocito de queso fresco. ◆ Colocar en horno de temperatura moderada hasta que el queso se funda, acompañar con papas cortadas en forma de rejillas y fritas en aceite.

> **Nota** *La sopa crema es la que marca el sabor de este plato; se puede cambiar por otra de diferente gusto y combinar en consecuencia, por ejemplo: si se elije sopa crema de puerro reemplazar los espárragos por puerros blanqueados.*

Costillitas rellenas en salsa de frambuesas

6 PORCIONES

INGREDIENTES
Costillas de cerdo, 6
Ananá en almíbar, 6 rodajas
Pimentón dulce, 2 cucharadas
Mayonesa, 4 cucharadas
Harina, 2 cucharadas
Sal y pimienta, a gusto
Manteca, 100g
Clavos de olor, 3

SALSA
Manteca, 100g
Pimienta negra, 1 cucharada
Frambuesas, 250g
Manzana, 1
Vino dulce, 1/2 vaso
Almíbar del ananá, 1 taza
Fécula de maíz, 1 cucharada

◆ Elegir costillas gruesas, cortar la carne sin llegar al hueso, formando una bolsa. ◆ Picar el ananá, mezclar con la mitad del pimentón, la mayonesa y la harina, condimentar con sal y pimienta, distribuir dentro del hueco de la carne y cerrar con un palillo. ◆ Untar cada costilla con manteca, espolvorear con el resto de pimentón. Cocinarlas en una sartén, sellar bien de cada lado, agregar los clavos de olor y seguir la cocción a fuego moderado. ◆ Para la salsa fundir la manteca a fuego muy suave, condimentar con la pimienta, agregar las frambuesas y cocinar unos minutos hasta que resulten tiernas. ◆ Agregar la manzana cortada en dados pequeños, rociar con el vino, y después de unos minutos incorporar el jugo de ananá junto con la fécula. ◆ Cocinar hasta que la preparación se reduzca a la mitad, verter la salsa sobre las costillas, cocinar 2 o 3 minutos más. Dejar reposar unos minutos y servir.

> *Nota:* Se puede acompañar con rodajas de ananá al natural, escurridas, pasadas por harina y fritas en manteca, o con batatas horneadas y ligeramente espolvoreadas con azúcar negro.

Champiñones rellenos rebozados

18 UNIDADES

INGREDIENTES

Champiñones más bien grandes, 18
Sal, pimienta y ajo en polvo, a gusto
Aceite de oliva, 1 cucharada
Jamón cocido, 50g
Leche, 200cc

Harina, 2 cucharadas
Manteca, 20g
Para rebozar: Harina, huevos, pan rallado
Para freír: Aceite

◆ Lavar los champiñones y retirarles el tronco, condimentar el interior con sal, pimienta y ajo en polvo, rociar con el aceite, dejar macerar unos minutos y rellenarlos con el jamón picado. ◆ Aparte cocinar la leche con la harina y la manteca hasta formar una crema espesa, condimentar con sal y pimienta. ◆ Distribuir sobre el jamón y cubrir con los tronquitos de champiñones cortados en rodajas. ◆ Pasar cada champiñón, con cuidado para que no se caiga el relleno, primero por harina, luego por huevo batido y por último por pan rallado. ◆ Freírlos en aceite caliente.

Una variante

◆ Colocar en una fuente para horno enmantecada los champiñones rellenos pero sin rebozar. Cubrirlos con crema de leche y espolvorear con perejil picado. ◆ Gratinar en horno de temperatura alta.

Flores de alcauciles con crema de roquefort

6 PORCIONES

INGREDIENTES

Alcauciles, 6
Sal y limón, cantidad necesaria
Queso fresco, 150g
Jamón cocido, 150g
Crema de leche, 250g
Queso roquefort, 50g
Queso *gruyère*, 100g
Panceta ahumada, 200g en un trozo
Jamón cocido, 100g en un trozo
Dientes de ajo, 1
Aceite de oliva, 2 cucharadas
Pimienta negra, a gusto

◆ Cortar los troncos y las puntas de los alcauciles, cocinarlos en agua con sal y jugo de limón hasta que estén tiernos, escurrirlos muy bien y abrirlos como una flor, rellenarlos con el queso cortado en cubos y el jamón cortado en juliana, acomodarlos en una fuente para horno. ◆ Colocar sobre fuego suave la crema y el roquefort pisado, cocinar revolviendo hasta formar un crema, verter sobre los alcauciles, espolvorear con el queso *gruyère* rallado y gratinar en horno caliente. ◆ Aparte cortar la panceta y el jamón en tiritas finas, saltear el ajo en el aceite de oliva, retirar el ajo y agregar la panceta y el jamón, condimentar con un toque de pimienta y saltear hasta que la panceta y el jamón resulten crocantes. ◆ Servir los alcauciles bordeados por la panceta y el jamón.

> **Nota:** *Para utilizar como acompañamiento de carnes o de pastas desarmar cada alcaucil hoja por hoja, colocarlas en una fuente plana para horno, cubrir con el relleno, rociar con la crema y espolvorear con el queso rallado. Gratinar 5 minutos en horno de temperatura moderada para que se funda el queso y se una con la crema.*

Goulasch con spaezles

10 PORCIONES

Ingredientes

Paleta o carne de riñonada, 2 y 1/2 kilos
Harina, 4 cucharadas
Cebollas, 3/4 kilo
Ají rojo, 1
Ají verde, 1
Aceite, cantidad necesaria
Páprika dulce, 1/2 cucharada
Sal, pimienta y comino, a gusto
Vino blanco seco, 1 vaso
Caldo de carne, 750cc
Extracto de carne, 1 cucharada

◆ Cortar la carne en bifes, luego en tiras y por último en cubos, colocar la carne en un colador, espolvorearla con harina, mover el colador para desechar el excedente de harina. ◆ Cortar las cebollas por la mitad y luego en rodajas finas y picar los ajíes. ◆ Calentar medio pocillo de aceite, rehogar ligeramente la cebolla y los ajíes, agregar la carne y saltearla a fuego vivo, moviéndola con cuchara de madera. ◆ Condimentar con la páprika, sal (con preferencia gruesa), pimienta y 1/2 cucharadita de comino, rociar con el vino, dejar evaporar unos segundos y cubrir con el caldo caliente y el extracto, cocinar a fuego lento de 20 a 25 minutos. Debe obtenerse una preparación consistente pero jugosa. ◆ Acompañar con los *spaezles*.

Spaezles

◆ Licuar o procesar 5 huevos, 1 cucharadita de sal, 1 cucharada de aceite, 500g de harina y 400cc de agua, debe obtenerse una pasta más bien fluida, dejarla descansar de 25 a 30 minutos. ◆ Hervir abundante agua con sal, verter los ñoquis pasando la pasta por un colador especial o una cacerola en desuso perforada con orificios de 1cm de diámetro. También se pueden realizar los ñoquis tomando porciones de pasta con una cucharita e introducirlas en el agua. ◆ Cuando los *spaezles* o ñoquis suban a la superficie escurrirlos, servirlos con el *goulasch* o en fuente aparte salseados con manteca.

Hojaldrinas a la crema de jamón y champiñón

8 A 10 PORCIONES

INGREDIENTES

MASA
Harina leudante, 400g
Sal, pimienta y pimentón, a gusto
Manteca, 300g
Limón, 1
Agua fría, 150cc

RELLENO
Puerros, 2
Cebolla, 1
Manteca, 40g
Champiñones, 400g
Queso fundido Fontina, 300g
Crema de leche, 250g
Jamón cocido, 200g

◆ Colocar en un bol la harina con la sal, pimienta, 1 cucharadita de pimentón, agregar la manteca bien fría y desmigar todo formando un granulado, añadir 3 cucharadas de jugo de limón y el agua. ◆ Unir la masa con cuchara de madera, colocar sobre la mesada y estirar hacia adelante y hacia atrás y doblar en 3 partes. ◆ Colocar los 3 dobleces hacia el frente del que amasa y volver a estirar y doblar en 3 partes 3 veces más, envolver la masa y dejarla descansar en heladera por lo menos 4 o 5 horas. Luego cortar la masa en porciones, estirarla y cortar rectángulos de 12 cm por 6 a 8 cm aproximadamente. ◆ Pinchar la masa y cocinar sobre placas enmantecadas y enharinadas en horno caliente durante 10 minutos; bajar la temperatura y dejar de 10 a 12 minutos más para finalizar la cocción. ◆ Aparte rehogar los puerros y la cebolla en la manteca, agregar los champiñones fileteados, condimentar con sal y pimienta blanca de molinillo, cocinar 2 o 3 minutos, incorporar el queso fundido cortado en trocitos y la crema, cocinar revolviendo hasta que el queso se funda, añadir el jamón picado y mezclar. ◆ Acomodar la mitad de los rectángulos en una fuente, salsear con la crema de champiñones y cubrir con otro rectángulo de masa. Acompañar con *concassé* de tomate.

Concassé de tomate

◆ Pelar los tomates, desechar las semillas y cortar en cubitos pequeños, condimentar con aceite de oliva, sal y pimienta.

Langosta a la Thermidor

2 A 4 PORCIONES

INGREDIENTES

Langosta de 2 kilos, 1
Sal y aceite de oliva, a gusto
Echalotes, 4
Vino blanco seco, 250cc
Caldo de pescado, 250cc

Estragón y mostaza inglesa, a gusto
Salsa *bechamel*, 1 taza
Manteca, 75g
Queso parmesano, 5 cucharadas

◆ Abrir la langosta por la mitad desde la cabeza hasta la cola, condimentar la carne con la sal y rociar con aceite, cocinar en horno de temperatura moderada de 18 a 20 minutos. Retirar la carne de la carcasa y de las patas y cortarlas en trozos. ◆ Cocinar aparte los echalotes picados con el vino y el caldo, dejar reducir a casi la mitad y mezclar con hojitas de estragón, 1 cucharadita de mostaza y la salsa *bechamel* espesa. ◆ Condimentar con sal y un toque de pimienta blanca de molinillo, agregar la mitad de la manteca, mezclar bien y distribuir una porción de salsa en las dos mitades de la carcasa. ◆ Acomodar encima la carne de la langosta, cubrirla con el resto de salsa, rociar con el resto de la manteca fundida y espolvorear con el queso. ◆ Gratinar en horno bien caliente.

Nota *Para saber cómo seleccionar una langosta fresca se debe tener en cuenta que su aroma sea agradable, su aspecto brillante y presente un color salmón intenso.*

Langostinos y huevos soufflé

12 PORCIONES

INGREDIENTES

Harina leudante, 3 tazas
Sal, pimienta y *curry*, a gusto
Huevos, 3
Perejil, 2 cucharadas

Leche, cantidad necesaria
Langostinos, 12
Huevos duros, 6

◆ Mezclar la harina con la sal, pimienta y 1 cucharadita de *curry*, agregar 3 yemas, el perejil y leche hasta obtener una pasta semi fluida, incorporar las claras batidas a nieve, mezclar suavemente. ◆ Pelar los langostinos dejándoles la colita. ◆ Pelar los huevos y cortarlos por la mitad, no a lo largo. Pasar los huevos por la pasta y freírlos en el aceite. ◆ Tomar los langostinos por la colita y sumergirlos en la pasta freírlos en el aceite caliente. Escurrir sobre papel de cocina y espolvorear con sal. ◆ Disponer en hilera las mitades de huevos y a cada lado los langostinos.

Vol-au-vents de foie con uvas al oporto

18 UNIDADES

INGREDIENTES

Manteca, 20g
Caldo de carne, 1/2 vaso
Oporto, 1/2 vaso
Mostaza, 1 cucharadita

Uvas blancas sin semilla, 2 tazas
Harina, 1 cucharada colmada
Paté de *foie*, 1 lata
Vol-au-vents, 18 (de 5cm de diámetro)

◆ Colocar sobre fuego la manteca con el caldo, el oporto y la mostaza, cocinar un minuto, añadir las uvas y cocinar otro minuto más. ◆ Incorporar la harina diluida con 3 o 4 cucharadas de agua o caldo, cocinar revolviendo hasta obtener una crema. ◆ Distribuir el paté dentro de los *vol-au-vents*, terminar de rellenarlos con la crema de uvas. ◆ Gratinarlos en horno caliente en el momento de servir.

Cebollas florentinas a la crema

8 PORCIONES

INGREDIENTES

Cebollas medianas, 8
Sal, pimienta y laurel, a gusto
Espinaca cocida, 1 atado
Dientes de ajo, 1

Queso rallado, 200g
Huevo, 1
Crema de leche, 200g
Jamón cocido, 200g

◆ Cocinar las cebollas en agua con sal, una hoja de laurel y unos granos de pimienta. Escurrirlas, dejar enfriar y partirlas al medio. Retirar el interior y reservarlo. ◆ Mezclar la espinaca procesada con la cebolla reservada, condimentar con sal y pimienta, añadir el ajo picado, la mitad del queso rallado y el huevo crudo para que ligue. ◆ Rellenar con esta preparación las cebollas, colocarlas en una fuente para horno o cazuela. ◆ Cubrir con la crema y distribuir encima el resto de queso rallado y el jamón cortado en juliana. ◆ Gratinar en horno bien caliente.

Supremas arrolladas a la pimienta negra

6 PORCIONES

INGREDIENTES

Supremas, 6
Sal, cantidad necesaria
Queso crema, 400g
Panceta ahumada, 12 tajadas

Pimienta negra en grano,
4 cucharadas de postre
Aceite, 3 cucharadas

◆ Filetear las supremas con un cuchillo bien filoso para afinar y aumentar su tamaño. ◆ Salarlas y untarlas con parte del queso crema, acomodar sobre cada una dos tajadas de panceta ahumada y arrollarlas. Ajustar los extremos con palillos. ◆ Untar cada suprema con el resto del queso. Rebozarlas con la pimienta machacada, dejarlas reposar por lo menos dos horas. ◆ Rociarlas con el aceite y cocinarlas en horno de temperatura moderada hasta que estén tiernas. ◆ Acompañar con arroz blanco y champiñones salteados en manteca.

Rollo hojaldrado de pollo

10 A 12 PORCIONES

INGREDIENTES

Discos de pascualina, 4
Rocío vegetal, cantidad necesaria
Fécula de maíz y orégano, 2 cucharadas
Pollo, 1
Sal y pimienta, a gusto
Cebollas, 2
Ajíes, 2

Cebollas de verdeo, 250g
Aceite, 4 cucharadas
Ajo y perejil, 3 cucharadas
Huevos duros, 6
Jamón cocido o panceta ahumada, 200g
Aceitunas verdes, 100g
Huevo, para pintar

◆ Separar los 4 discos de pascualina; poner 2 de ellos sobre la mesada, uno junto a otro, humedeciéndolos con rocío vegetal y espolvorear con fécula y orégano, cubrirlos con los otros 2 discos restantes y estirarlos ligeramente con ayuda del palote. ◆ Superponer un borde de un disco sobre el otro, luego estirarlos juntos dándoles forma rectangular, espolvorear con fécula. ◆ Aparte cocinar el pollo en agua con sal y algunos vegetales, cuando esté tierno dejarlo enfriar en la misma agua, luego quitarle la piel y desmenuzar la carne desechando los huesos. ◆ Cocinar con aceite y por separado las cebollas, los ajíes y las cebollas de verdeo, todo cortado en rodajas finas. ◆ Para armar el rollo acomodar sobre la masa en forma alternada los ingredientes, la cebolla blanca, los ajíes, los huevos duros, el jamón o panceta cortado en tiras, las aceitunas descarozadas, la cebolla de verdeo, espolvorear con el ajo y perejil y distribuir encima la carne de pollo. Arrollar cada extremo de masa, hasta que se unan los dos rollos como si fuera una palmera gigante, utilizar los recortes de masa para cortar flores o tiritas y adornarlo, pincelar con huevo y cocinar en horno de temperatura moderada de 35 a 40 minutos. ◆ Servir acompañado con vegetales salteados en manteca.

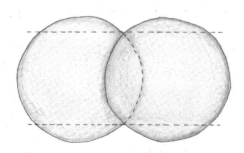

Platos calientes | 91

Huevos poché a la Braganza

6 PORCIONES

INGREDIENTES

Huevos, 6
Vinagre, 150cc
Tomates parejos y firmes, 6
Sal, pimienta y aceite de oliva, a gusto
Échalotes, 4
Estragón y perejil, 2 cucharadas
Vino blanco seco y vinagre, 250cc
Yemas, 5
Manteca, 150g
Jamón crudo, 150g

◆ Hacer hervir en una sartén 300cc de agua con el vinagre, cocinar los huevos y cocinarlos 3 minutos. Escurrirlos con cuidado y reservarlos. ◆ Aparte quitarle una tapita a los tomates y ahuecarlos quitándoles la pulpa, condimentar su interior con sal, pimienta y algunos hilos de aceite, cocinarlos apenas de 4 a 5 minutos en horno de temperatura moderada. ◆ Colocar en un recipiente pequeño los *échalotes* picados, el estragón, el perejil, el vino y el vinagre más unos granos de pimienta, hacer hervir hasta que reduzca a 5 o 6 cucharadas, filtrar por un colador. ◆ Aparte colocar las yemas en un bol, agregar la reducción anterior y 2 o 3 cucharadas de agua. Cocinar a baño de María batiendo con batidor, condimentar con sal, cuando las yemas comiencen a tomar cuerpo agregar por cucharaditas la manteca a temperatura ambiente, batiendo siempre a medida que ésta se vaya absorbiendo. ◆ Distribuir dentro de cada tomate un huevo *poché*. Envolver los tomates con rodajas de jamón y cubrir con la salsa. ◆ Si se desea, acomodar los tomates sobre medallones de pan tostado, espolvorear con *ciboulette* y servir tibios.

Locro

20 a 25 porciones

INGREDIENTES

Maíz blanco, 750g
Porotos blancos, 250g
Panceta fresca, 250g
Cuerito de chancho, 250g
Mondongo, 1 y 1/2 kilo
Carne vacuna, 2 kilos
Calabaza pelada, 2 kilos
Repollo grande, 1
Chorizos colorados, 2
Sal, a gusto

SALSA

Cebolla de verdeo, 1 kilo
Dientes de ajo, 3
Sal, pimienta, ají molido y pimentón, cantidad necesaria

◆ Colocar el maíz y los porotos en remojo la noche anterior con abundante agua; al día siguiente, escurrirlos y colocarlos en una olla con agua junto con la panceta y el cuerito de chancho cortados en tiritas, cocinar durante una hora. ◆ Aparte, cocinar el mondongo en agua con sal, hasta que esté tierno, escurrirlo, desgrasarlo y cortarlo en tiritas. ◆ Agregarlo a la olla, añadir además la carne vacuna cortada en cubos no muy grandes, la calabaza cortada en cubos más grandes que la carne y el repollo sin las nervaduras gruesas cortado en tiras. ◆ Condimentar con sal y proseguir la cocción a fuego lento, tapado, revolviendo de vez en cuando con cuchara de madera durante dos horas. ◆ Agregar el chorizo cortado en rodajitas y cocinar 1/2 hora más. Servirlo caliente con la salsa picante.

Salsa

◆ Cortar en rodajitas finas las cebollas, picar el ajo y cocinar en el aceite, retirar del fuego y condimentar con sal, pimienta, ají molido y pimentón. ◆ Servir en un bol para que cada comensal agregue a su locro la cantidad que desee.

Ñoquis gigantes rellenos

24 UNIDADES

INGREDIENTES

Papas, 500g
Sal, pimienta y nuez moscada, a gusto
Ricota, 500g
Huevo, 1
Harina, 300g
Jamón cocido, 150g

Mozzarella, 150g
Salsa de tomate (pág. 250), 750g
Crema de leche, 250g
Queso parmesano rallado, cantidad necesaria

◆ Cocinar las papas con preferencia con la piel en agua con sal, hasta que estén tiernas pero no recocidas, dejar pasar el calor fuerte y pisarlas formando un puré. ◆ Agregarle la ricota y condimentar con sal, pimienta y nuez moscada, añadir el huevo, mezclar muy bien y dejar enfriar. Amasar entonces con la harina hasta conseguir una masa que no se pegue en las manos, si fuera necesario agregar más harina. ◆ Formar cilindros con la masa y cortar en porciones. ◆ Ahuecar cada trozo de masa y rellenar con el jamón picado y la *mozzarella* cortada en cubos, cerrar el relleno con la masa formando esferas. ◆ Cocinar los ñoquis en abundante agua hirviendo con sal, cuando suban a la superficie, escurrirlos con una espumadera. ◆ Acomodar en una fuente y salsear con el tomate y la crema, espolvorear con el queso rallado y gratinar unos minutos en horno caliente. ◆ Espolvorear, si se desea, con perejil y albahaca.

> **Notas** *También pueden servirse a la americana combinando salsa de tomate y bechamel.*
> *Otra opción es rellenarlos con espinaca hervida, escurrida y picada condimentada con sal, pimienta y nuez moscada mezclada con una taza de salsa blanca bien consistente.*

Capítulo 6

Fiestas al aire libre

Empanadas de pollo

2 DOCENAS

Ingredientes

Pollo chico, 1
Cebolla, 1/2 kilo
Ají morrón rojo, 2
Margarina, 40g
Aceite, 3 cucharadas
Pimentón, 2 cucharaditas

Tomate, 1
Sal, pimienta y orégano, a gusto
Huevos duros, 2
Aceitunas negras, 50g
Tapas de empanadas para horno, 2 docenas

◆ Cocinar el pollo en agua con sal y algunos vegetales. Cuando esté cocido, dejarlo enfriar en el mismo caldo, luego separar la carne de la carcasa y picar aquella en trozos pequeños. ◆ Picar la cebolla. ◆ Asar los ajíes en el horno, cuando estén bien dorados, envolverlos en un papel hasta que se entibien, luego quitarles la piel y cortarlos en tiras. ◆ Calentar la margarina y el aceite, rehogar la cebolla, agregar los ajíes y la carne de pollo, condimentar con pimentón, agregar el tomate sin la piel y picado, añadir sal, pimienta y orégano, cocinar unos minutos y mezclar. ◆ Colocar el relleno en un bol tapado y dejar enfriar en la heladera. ◆ Armar las empanadas colocando en el centro de los discos una porción de relleno, distribuir encima los huevos duros picados y las aceitunas fileteadas.

> **Notas** Para armar las empanadas se puede utilizar tapas de masa compradas o elaboradas según las recetas de páginas 254 o 255.
> Este relleno se puede emplear para preparar una tarta si se agrega un ligue de 3 huevos ligeramente batidos con 150cc de crema de leche.

1. Pañuelitos florentinos de lomito *(pág. 41)*
2. Saladitos con masa de *scones* *(pág. 43)*

1. Canapés de caviar *(pág. 18)*
2. Tarteletas de jamón con melón *(pág. 29)*
3. Canapés de palta *(pág. 20)*
4. Palmeritas con kiwis y jamón *(pág. 17)*
5. Canapés de palmitos *(pág. 19)*
6. Arrolladitos de pepino *(pág. 17)*
7. Saladitos con masa de queso *(pág. 25)*
8. Saladitos de pan de centeno *(pág. 26)*

Sandwiches triples *(pág. 49)*

1. Paltas con camarones *(pág. 68)*
2. Matambre con tres carnes *(pág. 67)*
3. Ensalada de *orange* *(pág. 58)*

Pavo a la York *(pág. 69)*

1. **Rollo hojaldrado de pollo** *(pág. 91)*
2. *Borsch* *(pág. 81)*
3. **Arrollado verde de ricota** *(pág. 77)*

Vol-au-vents de foie con uvas al oporto *(pág. 89)*

1. Milhojas campestre *(pág. 114)*
2. Ensalada de rúcula con vinagreta de tomates secos *(pág. 100)*
3. *Baguette* con pastrón *(pág. 112)*

Lomo asado con diferentes salsas *(pág. 113)*

Empanada española de atún

12 A 14 PORCIONES

INGREDIENTES

Masa con levadura, 500g (véase pág. 255)
Cebollas, 1 y 1/2 kilo
Ají rojo, 1
Ají verde, 1
Aceite de oliva, 6 cucharadas
Ajo y perejil, 3 cucharadas
Sal y pimienta, a gusto
Atún, 2 latas
Chorizo colorado, 1
Pimentón, 1/2 cucharada
Huevos duros, 3
Aceitunas verdes y negras, 100g

◆ Preparar la masa siguiendo las indicaciones de la pág. 255. Con las 3/4 partes de la masa estirada tapizar una placa para horno ligeramente aceitada. ◆ Cortar las cebollas por la mitad y luego en rodajas finas, cortar los ajíes en tiritas finas, sin las nervaduras ni las semillas. ◆ Cocinar en el aceite, cuando los vegetales estén tiernos condimentar con el ajo y perejil picados, sal y pimienta. ◆ Retirar del fuego y mezclar con el atún escurrido y desmenuzado, el chorizo cortado en rodajitas y luego cada rodaja en cuartos, agregar el pimentón y colocar el relleno dentro de la masa. ◆ Distribuir encima los huevos duros cortados en octavos y las aceitunas descarozadas. ◆ Cubrir con el resto de masa estirada, cortar el excedente de masa, formar un repulgue y realizar en el centro un orificio que sirva de chimenea para que salga el vapor. ◆ Decorar, si se desea, con trocitos de masa recortados formando hojas o flores, pincelar con huevo, aceite o leche y dejar leudar 10 minutos. ◆ Cocinar en horno de temperatura moderada durante 45 minutos.

> *Nota:* Se puede variar el sabor utilizando sardinas de lata, berberechos o mejillones. También se puede reemplazar la masa con levadura por cualquier masa hojaldrada.

Empanadas jugosas de carne

2 DOCENAS

INGREDIENTES

Bola de lomo o carnaza, 1 kilo
Cebollas, 750g
Cebollas de verdeo, 250g
Grasa de pella o manteca, 150g
Sal, pimienta, ají molido y comino, a gusto
Pimentón, 1 cucharada
Tapas de empanadas, 24 (véase masa para horno pág. 254)
Huevos duros, 2
Aceitunas verdes, 100g

◆ Cortar la carne en rodajas finas y luego en trocitos pequeños, cubrirla con agua hirviendo y colar inmediatamente. ◆ Picar las cebollas previamente peladas, calentar la grasa o manteca y rehogar las cebollas hasta que estén transparentes. ◆ Agregar la carne y condimentar con sal, pimienta, ají molido, comino y pimentón, mezclar bien y retirar del fuego. ◆ Llevar a heladera hasta que el relleno esté firme, armar las empanadas colocando una porción de relleno en el centro de cada disco de masa, distribuir los huevos cortados en trocitos y las aceitunas fileteadas, cerrar las empanadas, pincelar el reborde con huevo o agua, formar el repulgue. Acomodarlas en una placa untada con aceite o manteca, pincelarlas con huevo y cocinar en horno caliente de 18 a 20 minutos. ◆ Si se desea, espolvorearlas con azúcar.

> **Nota** Para que las empanadas de carne resulten jugosas se debe cocinar las cebollas en grasa o manteca, mezclar luego con la carne cortada con cuchillo o saltear ligeramente carne picada. Cuando el relleno se enfría, la grasa o manteca solidifica, pero al cocinar las empanadas en horno caliente suelta su jugo.

Ensalada Nicoise

10 A 12 PORCIONES

Ingredientes

Papas blancas, 1 kilo
Sal, a gusto
Huevos duros, 6
Chauchas cocidas, 400g
Atún en aceite, 1 lata
Lechuga morada, 1 planta grande

Tomates, 500g
Anchoas, 5
Mozzarella, 250g
Aceite de oliva y pimienta, a gusto
Aceitunas negras, 200g
Albahaca, unas hojas

◆ Lavar las papas y cocinarlas en agua con sal, cuando estén tiernas, escurrirlas, pelarlas y cortarlas en cubos. ◆ Picar ligeramente los huevos duros y mezclarlos en caliente con las papas, agregar las chauchas y el atún desmenuzado. ◆ Tapizar una fuente con las hojas de lechuga, colocar en el centro la preparación de papas. ◆ Pasar los tomates por agua caliente, pelarlos, desechar las semillas y cortarlos en cubitos, mezclar con las anchoas picadas y la *mozzarella* cortada en cubitos. ◆ Condimentar con poca sal, aceite de oliva y un toque de pimienta negra de molinillo, verter sobre la ensalada. ◆ Distribuir encima las aceitunas descarozadas, decorar con hojas de albahaca.

Ensalada con envasados

6 PORCIONES

Ingredientes

Porotos, 1 lata
Arvejas, 1 lata
Pepinos, 1 lata
Panceta ahumada, 150g en un trozo
Perejil picado, 3 cucharadas

Sal, pimienta, aceite de oliva, cantidad necesaria
Vinagre de manzana, 2 cucharadas
Huevos duros, 3

◆ Mezclar el contenido de las tres latas. ◆ Cortar en tiritas finas la panceta, dorarla a fuego lento hasta que resulte crujiente. ◆ Unir a los ingredientes anteriores y condimentar con sal, pimienta, aceite, el vinagre y el perejil. Espolvorear con los huevos duros rallados.

Ensalada de rúcula con vinagreta de tomates secos

6 A 8 PORCIONES

INGREDIENTES

Hojas de rúcula, 3 tazas
Pechugas de pollo cocidas, 2
Parmesano fileteado, 50g
Tomates secos, 8

Vino blanco, 3 cucharadas
Vinagre de jerez, 4 cucharadas
Aceite de oliva, 4 cucharadas
Sal y pimienta rosa, a gusto

◆ Acomodar las hojas de rúcula en una fuente, distribuir encima la carne de la pechuga fileteada y cortada en juliana y el queso. ◆ Remojar los tomates en el vino blanco tibio y el vinagre, cuando estén hidratados retirarlos, picarlos y, otra vez, agregarlos al vino y vinagre. Mezclar con el aceite, sal y pimienta, verter sobre la ensalada. ◆ Mantener al fresco.

Ensalada Tapenade

8 A 10 PORCIONES

INGREDIENTES

Papas blancas, 1 kilo
Sal y laurel, a gusto
Atún, 1 lata grande
Anchoas, 5
Aceitunas negras, 100g
Aceite de oliva, 5 cucharadas

Jugo de limón, 2 cucharadas
Pimienta y tomillo, a gusto
Tomates, 5
Alcaparras, 5 cucharadas
Huevos duros, 4

◆ Lavar las papas y cocinarlas en agua con sal y 2 hojas de laurel, cuando estén tiernas escurrirlas, pelarlas y cortarlas en rodajas. ◆ Acomodarlas en una fuente y colocar en el centro el atún. ◆ Aparte picar las anchoas con la mitad de las aceitunas, agregar el aceite y el jugo de limón, condimentar con pimienta y tomillo. ◆ Bordear la fuente con los tomates cortados en casquitos, rociar la ensalada con la salsa Tapenade y distribuir encima el resto de aceitunas, las alcaparras y los huevos cortados en cuartos.

Ensalada ratatouille

10 A 12 PORCIONES

INGREDIENTES

Zucchini, 3/4 kilo
Berenjenas, 1 kilo
Zanahorias, 1/2 kilo
Cebollas, 2
Tomates, 3/4 kilo

Sal, pimienta en grano y vinagre, cantidad necesaria
Aceite de oliva, a gusto
Aceitunas negras, 150g
Mozzarella, 200g

◆ Cortar los *zucchini* en cubitos, pelar las berenjenas y cortarlas en cubos más grandes que los *zucchini*. ◆ Pelar y cortar las zanahorias en rodajas finas, cortar las cebollas por la mitad y luego en rodajas finas. ◆ Cocinar por separado los *zucchini*, las berenjenas y las zanahorias en agua con sal, granos de pimienta y vinagre, cuando los vegetales estén tiernos pero crujientes, escurrirlos y acomodarlos en una fuente. ◆ Pasar las cebollas por agua hirviendo unos segundos, luego sumergirlas en agua fría, añadir a la ensalada. ◆ Cortar los tomates por la mitad, desechar el centro y las semillas y cortarlos en *concassé*, es decir, en pequeños cubitos, distribuir sobre la ensalada. ◆ Condimentar con sal, pimienta de molinillo y aceite de oliva, salpicar con las aceitunas descarozadas y la *mozzarella* cortada en cubitos.

> **Nota** Esta ensalada se puede servir tibia. En ese caso cortar cubitos de pan, dorarlos en una mezcla de manteca y aceite de oliva, agregar en el recipiente de ensalada ya condimentada, mezclar para que se impregnen los sabores y se entibie. Agregar las aceitunas y la mozzarella, dejar unos segundos más sobre el fuego y servir.

Carpaccio con queso y rúcula

12 PORCIONES

INGREDIENTES

Peceto, 1 y 1/4 kilo
Sal, a gusto
Limón, 1
Pimienta negra en grano, cantidad necesaria
Aceite de oliva, 8 cucharadas
Queso parmesano u otro, 250g
Alcaparras, 5 cucharadas
Rúcula, a gusto

◆ Desgrasar bien la carne, frotarla con sal, envolverla en papel adherente y congelar. ◆ Luego cortarla en rodajas muy finas en máquina de cortar fiambre o con cuchillo eléctrico. ◆ Acomodar las rodajas en una fuente, ir rociando cada capa con jugo de limón, pimienta negra molida y el aceite de oliva. ◆ Distribuir encima el queso cortado con cuchillo filoso en forma de virutas y las alcaparras. ◆ Acompañar con hojas de rúcula y casquitos de limón.

Notas Es conveniente preparar el carpaccio uno o dos días antes de consumirlo, y mantenerlo tapado en la heladera.
Para la preparación de este plato es importante utilizar limones con alto porcentaje de acidez, los limones pequeños, de la variedad llamada sutil —que también se emplean en la elaboración de la caipiriña y el ceviche—, son ideales.

Ensalada Caprese

10 A 12 PORCIONES

INGREDIENTES
Tomates bien rojos, 1 kilo
Mozzarella, 750g
Sal, pimienta y aceite de oliva, a gusto
Albahaca, cantidad necesaria

◆ Lavar y secar los tomates cortados en rodajas, acomodarlas en una fuente alternando con la *mozzarella* cortada también en rodajas. ◆ Condimentar con sal y pimienta negra de molinillo, rociar con aceite de oliva, distribuir hojitas de albahaca sobre cada rodaja de *mozzarella*. ◆ Aparte cortar con tijera 10 o 12 hojas de albahaca, salpicar con ellas la ensalada, mantener en heladera hasta el momento de servir.

Pollo frito con sésamo

6 A 8 PORCIONES

INGREDIENTES
Pollo, 1
Sal y pimienta de molinillo, a gusto
Limón, 1
Jugo de 1 naranja
Mostaza, 2 cucharadas
Semillas de sésamo, 4 cucharadas
Manteca y aceite, cantidad necesaria

◆ Cortar el pollo en presas más bien pequeñas, condimentar con sal, pimienta, ralladura de piel de limón y jugo de naranja, dejar macerar 20 minutos. ◆ Luego secar las presas y untarlas ligeramente con mostaza, pasarlas por las semillas de sésamo y freírlas en manteca y aceite, a fuego más bien lento para que se cocine bien su interior y se doren. ◆ Escurrirlas sobre papel y servirlas con mayonesa aligerada con jerez, sobre hojas verdes.

Escabeche de peceto

15 PORCIONES

INGREDIENTES

Peceto, 1
Sal y pimienta, a gusto
Aceite, cantidad necesaria
Vino blanco, 2 vasos
Tomillo, 1 ramito
Vino blanco, 1 vaso
dientes de ajo, 3
Vinagre, 1 taza

Agua, 1 taza
Aceite, 1/2 taza
Sal, pimienta y clavo de olor, a gusto
Puerros, 3
Cebolla, 1
Zanahorias, 2
Ají rojo, 1
Laurel, 2 hojas

◆ Desgrasar el peceto y atarlo para que no pierda la forma, condimentarlo con sal y pimienta. ◆ Acomodarlo sobre un rectángulo de papel metalizado, rociar con hilos de aceite y 3 o 4 cucharadas del vino, cerrar el papel y colocar en un recipiente para horno, agregar una base de 2 cm de agua. ◆ Cocinar en horno de temperatura moderada de 50 a 55 minutos, dejarlo enfriar y cortarlo en rodajas finas. ◆ Aparte colocar en un recipiente el vino blanco con el tomillo y un diente de ajo, hervir hasta reducir a la mitad. ◆ Filtrar y mezclar con el vinagre, el agua, el aceite, condimentar con sal, 4 o 5 granos de pimienta negra y un clavo de olor. ◆ Añadir a esto los puerros, la cebolla, las zanahorias y el ají, todo cortado en rodajas finas, los 2 dientes de ajo enteros y el laurel. ◆ Cocinar unos minutos hasta que los vegetales estén algo tiernos, agregar el peceto cortado, dejar que retome el hervor y colocar en una fuente. ◆ Espolvorear con perejil picado y decorar con rodajas de limón.

Nota: Se puede conservar en heladera, en frascos herméticos hasta 15 días.

Escabeche de pollo

5 PORCIONES

INGREDIENTES

Pollo, 1	Dientes de ajo, 3
Sal, pimienta y fécula de maíz, cantidad necesaria	Laurel, 2 hojas
	Tomillo, 1 ramita
Aceite, para freír	Vinagre de manzana, 1 taza
Hinojos, 2	Aceite, 1/2 taza
Zanahorias, 2	Vino blanco seco, 1/2 vaso
Cebollas, 2	Sal gruesa, 1/2 cucharada
Puerros, 2	Pimienta negra en grano, 1/2 cucharada

◆ Cortar el pollo en presas más bien pequeñas, condimentarlas con sal y pimienta molida, pasarlas por fécula de maíz y dorarlas ligeramente en el aceite caliente, escurrirlas sobre papel. ◆ Aparte colocar en un recipiente los hinojos, las zanahorias, las cebollas y los puerros cortados en rodajitas. ◆ Agregar los dientes de ajo enteros, incorporar el laurel y el tomillo y rociar con el vinagre, el aceite, el vino y 1 taza de agua, añadir la sal y la pimienta en grano y cocinar 10 minutos. ◆ Incorporar las presas de pollo y proseguir la cocción 15 minutos más, acomodar en una fuente y cubrir con rodajas de limón.

> **Nota**
> El pollo se puede reemplazar por perdices (deben limpiarse muy bien). Si son pequeñas atarlas para que no pierdan la forma, si son grandes abrirlas por la mitad. En ambos casos dorarlas ligeramente en aceite o en horno caliente. Seguir luego los pasos indicados para el escabeche de pollo.

Pastel de alcauciles con cubierta de masa phila

10 a 12 porciones

Ingredientes

Pascualina rectangular, 1 paquete
Queso rallado y ají molido, a gusto
Puerros, 4
Cebolla grande, 1
Manteca y aceite, cantidad necesaria
Corazones de alcauciles envasados, 500g
Palmitos, 500g
Morrones, 1 lata chica
Crema de leche, 250g
Sal, pimienta verde y nuez moscada, a gusto
Huevos, 4
Queso *gruyère* o similar rallado, 50g
Masa *phila*, 1 paquete

◆ Separar los rectángulos de masa, espolvorear uno de ellos con 3 cucharadas de queso y 1 cucharada de ají molido, apoyar encima el otro rectángulo de masa. ◆ Con ayuda de un palote estirarlo ligeramente sin que pierda la forma rectangular, tapizar con esto una asadera enmantecada y enharinada. ◆ Aparte cortar los puerros en rodajitas, incluso la parte verde tierna. Picar la cebolla, cocinarla en 30g de manteca y 2 cucharadas de aceite de maíz, agregar los corazones de alcauciles escurridos y cortados en cuartos, saltear unos segundos y retirar del fuego. ◆ Agregar los palmitos cortados en rodajas y los morrones en cubos pequeños. ◆ Condimentar la crema con sal, pimienta y nuez moscada, agregar los huevos y el queso rallado, verter sobre la preparación, mezclar y colocar dentro de la asadera. ◆ Extender una plancha de masa *phila* sobre el relleno, pincelar con manteca fundida y cubrir con otra plancha de masa. ◆ Volver a pintar con manteca fundida y cocinar en horno de temperatura moderada de 40 a 45 minutos.

Pastel de berenjenas a la romana

8 A 10 PORCIONES

Ingredientes

- Discos de masa hojaldrada, 2
- Berenjenas, 1 y 1/2 kilo
- Sal gruesa, cantidad necesaria
- Cebolla grande, 1
- Ají rojo, 1
- Aceite, 4 cucharadas
- Tomates, 3
- Sal, pimienta y albahaca, a gusto
- Huevos, 4
- Ricota, 350g
- Queso parmesano rallado, 5 cucharadas
- *Mozzarella*, 200g

◆ Tapizar una tartera de 30 a 32 cm de diámetro con un disco de masa hojaldrada. ◆ Pelar las berenjenas y cortarlas en cubos, colocarlas en un colador y espolvorearlas con sal gruesa. ◆ Aparte picar la cebolla y el ají, rehogarlos en el aceite. ◆ Pasar los tomates por agua caliente, luego pelarlos, cortarlos por la mitad, desechar las semillas y cortarlos en cubitos, incorporarlos a la cebolla y el ají. ◆ Lavar las berenjenas, escurrirlas y agregarlas a la preparación, condimentar con sal, pimienta y hojas de albahaca, cocinar tapado hasta que las berenjenas estén tiernas. ◆ Retirar del fuego y mezclar con los huevos ligeramente batidos, la ricota y el queso rallado, colocar la mitad del relleno dentro de la tarta. ◆ Distribuir la *mozzarella* cortada en rodajas, cubrir con el resto de preparación, tapar con el otro disco de masa. ◆ Unir el reborde de las dos masas formando un repulgue, pinchar ligeramente la superficie de la masa para que salga el vapor. ◆ Pincelar con huevo o leche y si se desea espolvorear con 2 cucharadas de azúcar. ◆ Cocinar en horno de temperatura moderada de 35 a 40 minutos, verificar la cocción y servir tibio o frío.

Pastel de jamón sin masa

7 PORCIONES

INGREDIENTES

Jamón cocido, 200g
Queso de máquina, 200g
Cebollas, 250g
Puerros, 500g
Manteca, 40g
Aceite, 3 cucharadas

Alcauciles, 1 kilo
Limón, 1
Sal, pimienta y nuez moscada, a gusto
Queso crema, 400g
Huevos, 4
Mostaza, 1 cucharadita

◆ Rociar una tartera desmontable con rocío vegetal, tapizarla con las fetas de jamón, haciendo que una parte del jamón cuelgue fuera del molde, disponer sobre el jamón las fetas de queso. ◆ Cortar las cebollas por la mitad y luego en rodajas. ◆ Cortar la parte blanca de los puerros y algo de la parte verde tierna en rodajitas finas. ◆ Cocinar las cebollas y puerros en la manteca con el aceite. ◆ Cocinar los tronquitos y corazones de alcauciles en agua con sal y jugo de limón, cuando estén tiernos escurrirlos y cortarlos en trocitos. ◆ Distribuir las cebollas, puerros y alcauciles dentro de la tartera. ◆ Condimentar el queso crema con sal, pimienta y nuez moscada, agregar los huevos ligeramente batidos y la mostaza, verter dentro de la tarta y cocinar en horno de temperatura moderada de 20 a 25 minutos. ◆ Dejar entibiar, retirar el aro del molde y colocar en una fuente. ◆ Decorar con las hojas de alcauciles formando una especie de flor (véase dibujo), rociarlas con aceite de oliva, sal, ajo y perejil.

Quiche de cebolla y roquefort

8 A 10 PORCIONES

INGREDIENTES
MASA
Manteca, 125g
Crema de leche, 125g
Sal y pimienta, a gusto
Queso *gruyère* rallado, 3 cucharadas
Harina, 300g
Cebollas, 3/4 kilo

Aceite, 3 cucharadas
Queso roquefort, 250g
Leche, 300cc
Huevos, 4
Nueces picadas, 50g
Nuez moscada o macís, 1/2 cucharadita

◆ Colocar en la procesadora la manteca a temperatura ambiente, la crema, sal, pimienta blanca de molinillo y el queso rallado, procesar unos segundos. ◆ Agregar la harina, procesar hasta conseguir que los ingredientes se unan, llevar a heladera por lo menos 30 minutos. ◆ Aparte cortar las cebollas por la mitad y luego en rodajas finas, cocinarlas en el aceite, cuando estén tiernas pero crujientes incorporar el queso rallado o picado, cocinar unos segundos y retirar del fuego. ◆ Estirar la masa reservada en la heladera y tapizar una tartera enmantecada y enharinada de 30 a 32 cm de diámetro, acomodar dentro la cocción de cebolla y roquefort. ◆ Mezclar la leche con los huevos ligeramente batidos y las nueces, condimentar con sal, pimienta y nuez moscada o macís, verter en la tartera y cocinar en horno de temperatura moderada de 35 a 40 minutos.

Notas
Para suavizar el sabor, reemplazar el queso roquefort por queso Mar del Plata.
Si se desea variar la presentación, trabajar en seis moldes de tarteleta grandes (individuales).

Sandwich mediterráneo

10 PORCIONES

INGREDIENTES

Panes de campo chicos, 5
Sal, pimienta y aceite de oliva, a gusto
Jamón crudo, 300g
Hojas de rúcula, 2 tazas
Queso parmesano, 200g
Aceitunas negras, 100g
Hinojos, 2

◆ Abrir los panes y condimentar su interior con sal, pimienta de molinillo y aceite de oliva. ◆ Distribuir dentro de cada pan el jamón crudo, las hojas de rúcula, el queso cortado en láminas finas, las aceitunas fileteadas y los hinojos en rodajas muy finas. ◆ Rociar con hilos de aceite, sal y pimienta. ◆ Cerrar los sandwiches, partirlos en dos y sujetarlos con palillos.

Chicken in the basket (pollo frito a la americana)

4 PORCIONES

INGREDIENTES

Pollo, 1
Jugo de limón y sal gruesa, cantidad necesaria
Pan rallado, 1/2 taza
Harina, 3 cucharadas
Aceite, para freír

◆ Cortar el pollo en presas, acomodarlo en un colador, rociarlo con jugo de limón y sal y espolvorearlo con sal gruesa. ◆ Dejarlo macerar en heladera por lo menos 2 horas, luego retirar la sal con papel absorbente y pasar la presas por la mezcla de pan rallado y harina. ◆ Freírlas en aceite no muy caliente hasta que estén bien doradas, escurrirlas sobre papel. ◆ Servirlas sobre hojas de lechuga intercalando rodajas de limón. ◆ Acompañar con papas rejilla fritas y una ensalada de hojas.

Baguettes con pasta especial de pollo

18 PORCIONES

INGREDIENTES

Baguettes, 3
Carne de pollo, 750g
Verduras, cantidad necesaria
Pickles, 350g

Mostaza, 2 cucharadas
Mayonesa, 4 cucharadas
VARIOS: Tomate, huevo duro, morrones, berros, cebolla, manteca

◆ Abrir las *baguettes* por la mitad y a lo largo. ◆ Colocar en una cacerola agua con sal y algunos vegetales para aromatizar: una cebolla, una zanahoria, una ramita de apio, un puerro, unas hojas de albahaca, cocinar 3 o 4 minutos. ◆ Agregar el pollo, cocinarlo hasta que esté tierno, dejarlo enfriar en el mismo caldo. ◆ Luego procesarlo junto a los *pickles*, mezclar con la mostaza y la mayonesa formando una pasta. ◆ Distribuir dentro de las *baguettes* en forma abundante, en algunas colocar rodajas de tomate y de huevo duro, y en otras tiritas de morrones, hojas de berro y rodajas de cebolla rehogadas. ◆ Ajustar bien las *baguettes* y cortarlas en porciones.

> **Notas** *Se puede utilizar este relleno base para cualquier otro tipo de pan.*
> *Si se desea, reemplazar la carne de pollo por blanco de pavo o pollo arrollado, y enriquecerlo con salsa tártara (pág. 249).*

Baguette con pastrón

5 PORCIONES

INGREDIENTES

Baguette, 1
Ricota, 150g
Sal, pimienta y mostaza, a gusto
Pepinos en vinagre, 2
Huevos duros, 2
Fiambre de pastrón, 200g
Hojas de berro, 2 tazas

◆ Abrir la *baguette* por la mitad. ◆ Condimentar la ricota con sal, pimienta y una cucharada de mostaza, extenderla sobre la baguette. ◆ Acomodar encima los pepinos, los huevos duros cortados en rodajas, el pastrón y las hojas de berro. Cerrar el sandwich y cortar en 5 porciones.

Pastrón casero

◆ Desgrasar 1 y 1/2 a dos kilos de tapa de asado, dejando sólo de un lado una capa fina de grasa y colocar en una asadera con la grasa hacia arriba. Mezclar un kilo de sal con 100g de azúcar rubio o blanco, 5 dientes de ajo machacados, 2 cucharadas de pimienta en grano y 1/4 de cucharadita de nitrato de sodio. Colocar sobre la carne, cubrir con agua y mantener en heladera una semana. Retirar la marinada y colocar la carne en otra fuente, espolvorearla con 2 cucharadas de pimentón dulce y 2 cucharadas de ají molido, rociar con 1 vaso de vino blanco seco, 5 cucharadas de aceite y 2 tazas de agua. Cocinar en horno suave de 2 a 3 horas, añadiendo durante la cocción más agua si fuera necesario. Cuando esté cocida, prensarla ligeramente hasta que se enfríe, mantener envuelta en la heladera.

Lomo asado con diferentes salsas

10 PORCIONES

INGREDIENTES

Lomo, 1 y 1/2 kilo

Sal y pimienta negra en grano, a gusto

◆ Desgrasar el lomo y frotarlo con sal y los granos de pimienta machacados. Asar el lomo a la parrilla, en el grill o rociarlo con hilos de aceite, envolverlo en papel metalizado y cocinarlo en horno bien caliente. El lomo debe resultar cocido pero jugoso. ◆ Servirlo sobre una tabla cortado en bifecitos para que cada comensal arme su propio sandwich. ◆ Acompañar con canastos con diferentes panes y las siguientes salsas:

Salsa verde: Mezclar 1/2 taza de espinaca hervida exprimida y picada con 1 taza de mayonesa y 2 cucharadas de crema de leche.

Salsa criolla: Escurrir 1 lata de tomates peritas, picarlos algo gruesos, agregar 2 dientes de ajo picados a crema, sal pimienta, orégano, vinagre de manzana y aceite de oliva.

Salsa de cebolla: Mezclar 300g de queso blanco con 2 cucharadas de sopa crema de queso y la mitad de un paquete de sopa crema de cebolla.

Salsa de mostaza: Mezclar 250g de queso crema con sal, pimienta blanca y 2 cucharadas de mostaza en grano.

Salsa provenzal: Procesar un puñado de hojas de perejil con una cucharada colmada de manteca y 6 yemas de huevo duro. Si se desea más fluida, aligerar con crema de leche.

Salsa de verdeo: Procesar 3 tallos blancos de verdeo junto con 200g de queso untable y sazonar con sal y pimienta. (Se puede proceder de igual modo con berros.)

Milhojas campestre

12 A 15 PORCIONES

INGREDIENTES

Discos de pascualina, 6
Queso rallado, 10 cucharadas
Azúcar, 3 cucharadas
Supremas de pollo cocidas, 1 kilo
Huevos duros, 6
Mayonesa, 400g
Aceitunas verdes, 100g

Jamón cocido, 200g
Palmitos, 1 lata chica
Queso blanco, 400g
Atún, 1 lata
Morrones, 3
Queso de máquina, 200g
Tomates, 2

◆ Espolvorear los discos de pascualina con el queso y el azúcar, pincharlos y cocinarlos sobre placas enmantecadas en horno caliente 7 a 10 minutos. ◆ Armar el milhojas, acomodando un disco de masa en una fuente, distribuir encima pollo picado, rodajas de huevo duro y abundante mayonesa. ◆ Cubrir con otro disco de masa, untar con mayonesa y colocar aceitunas descarozadas, tajadas de jamón y tiras de palmitos, untar con queso blanco, apoyar otro disco de masa, untar con queso y distribuir atún y tiras de morrones, cubrir con mayonesa, tapar con masa, untar con mayonesa y distribuir jamón, queso de máquina y rodajas de tomate, colocar nuevamente masa y untar con queso, distribuir pollo, rodajas de huevo duro, aceitunas y mayonesa. ◆ Cubrir con el último disco y presionar bien con ayuda de un plato o un disco de cartón. Decorar con mayonesa, rosetas de piel de tomate, palmitos, rosetas de queso y rosetas de jamón crudo y cocido (véase pág. 243).

Capítulo 7

Fiestas para jóvenes

Sandwiches súper rellenos

10 PORCIONES

INGREDIENTES

Pan alargado grande, 1
Queso crema, 400g
Sal y pimienta, a gusto
Queso sardo rallado, 2 tazas
Huevos duros, 6
Morrones, 3
Jamón cocido, 150g
Queso de máquina, 150g
Queso fresco, 400g
Chorizo cantimpalo, 2
Panceta ahumada, 250g
Clara de huevo, 1
Ajo en polvo, 1 cucharada

◆ Cortar un extremo de pan y ahuecarlo. ◆ Mezclar el queso crema con sal, pimienta de molinillo y la mitad del queso rallado, untar con esta preparación el interior del pan y envolver los huevos duros con los morrones, el jamón y el queso, introducirlos en el centro del pan, rellenar los huecos con el queso fresco alternando con el chorizo y la panceta cortados en trocitos y rehogados previamente en sartén limpia para desgrasarlos. ◆ Ajustar todo muy bien, acomodar el extremo del pan previamente retirado, pincelar el exterior con la clara de huevo y espolvorear con el ajo, gratinarlo en horno caliente. ◆ Servirlo frío o caliente.

> **Nota:** Se puede cortar en rodajas y envolverlas en papel aluminio para calentar sobre la parrilla.

Sandwichería caliente

36 UNIDADES

INGREDIENTES
Figacitas árabes de 5 cm de diámetro, 3 docenas

RELLENO N° 1
Jamón cocido, 200g
Palmitos, 1 lata chica
Salsa golf, 4 cucharadas
Mozzarella, 100g
Sal y pimienta, a gusto

RELLENO N°2
Jamón cocido o lomito, 200g
Roquefort, 100g
Mozzarella, 100g
Champiñones, 200g
Cebolla en juliana (rehogada), 1
Mayonesa, 2 cucharadas
Sal y pimienta, a gusto

◆ Para preparar el relleno N°1 mezclar el jamón picado con los palmitos cortados en rodajas, la salsa golf y la *mozzarella* rallada, condimentar con sal y pimienta. ◆ Para preparar el relleno N°2 mezclar el jamón o lomito picado con el roquefort picado y la *mozzarella* cortada en cubitos. Filetear los champiñones y saltearlos en 30g de manteca con 1 cebolla cortada en fina juliana, agregar a la preparación y unir con 2 o 3 cucharadas de mayonesa. Condimentar con sal y pimienta. ◆ Con cuidado, abrir por el costado las figacitas y ahuecarlas quitándoles la miga; rellenar la mitad con el relleno N°1 y el resto con el relleno N°2. ◆ Acomodarlas en una fuente para horno en forma escalonada con el corte hacia arriba para que al calentarlas no se escape el relleno, gratinar en horno caliente, servirlas dentro de un canasto cubierto con servilletas a cuadros.

Nota: Pueden prepararse de mayor tamaño si se utilizan figazas árabes clásicas o con rosetas caladas en su parte superior, ahuecadas y rellenas como se indica en la receta.

Sandwiches de pan árabe tostado

8 UNIDADES

INGREDIENTES

Berenjena, 1
Zucchini, 2
Champiñones, 200g
Aceite de oliva, a gusto
Tomates, 2

Sal, pimienta y albahaca, cantidad necesaria
Morrón, 1/2 lata
Mozzarella, 200g
Pan árabe, 8

◆ Cortar la berenjena, los zucchini y los champiñones en rodajas finas, asarlos o freírlos en aceite de oliva y condimentarlos con sal, pimienta y 2 cucharadas de albahaca. ◆ Agregar los tomates cortados en cubitos y los morrones cortados en tiras. ◆ Distribuir dentro de los panes y agregar una rodaja de mozzarella. ◆ Acomodar los panes en una placa para horno y gratinarlos en horno caliente.

Milonguitas crocantes

12 UNIDADES

INGREDIENTES

Panes milonguita, 12
Queso blanco, 200g
Sal y pimienta, cantidad necesaria
Queso sardo rallado, 12 cucharadas

Jamón cocido, 12 rodajas
Espárragos cocidos, 2 latas
Queso mantecoso, cantidad necesaria

◆ Abrir las milonguitas al medio sin separarlas totalmente. Desmigarlas para poder colocar más relleno. ◆ Untar el interior con abundante queso blanco mezclado con el queso rallado grueso, sal y pimienta. ◆ Colocar sobre cada tajada de jamón cocido 3 puntas de espárragos y una tirita de queso mantecoso, arrollar y colocar dentro del pan. ◆ Gratinar 5 minutos en horno caliente hasta que el pan se ponga crocante y se funda el queso.

Panchos

30 A 35 UNIDADES

INGREDIENTES

Levadura, 30g
Leche tibia, 600cc
Azúcar, 1 cucharada
Extracto de malta, 1/2 cucharada
Manteca o margarina, 80g
Harina 0000, 1 kilo
Sal, 1 cucharadita
Varios: Mostaza, mayonesa, salsa golf, salchichas, cubos de caldo de carne

◆ Diluir la levadura en la leche tibia con el azúcar, dejar espumar y agregar el extracto, y la manteca o margarina a temperatura ambiente mezclando con cuchara de madera. ◆ Incorporar en forma alternada la harina cernida con la sal y el resto de leche, amasar bien y dejar levar tapado en lugar tibio. ◆ Luego, cortar la masa en trozos de 60g, bollarlos y dejarlos reposar sobre la mesada cubiertos con polietileno. ◆ Estirarlos, dándoles forma de cilindro y acomodarlos en placa engrasada o enmantecada dejando un espacio de 1cm entre uno y otro. ◆ Dejar levar y cocinar en horno caliente (220°C) 15 minutos. ◆ Al retirarlos del horno pincelarlos con chuño para darles el color especial del pan de panchos. ◆ Rellenar los panes con las salchichas y condimentar a gusto con mayonesa, mostaza o salsa golf.

> *Notas*
> Para el chuño cocinar 25g de fécula de maíz en 200cc de agua.
> Para darle mayor sabor a las salchichas cocinarlas en agua con 2 cubos de caldo de carne.
> Una forma muy novedosa para conservar el sabor original de las salchichas es sumergir el paquete cerrado en agua hirviendo durante 5 minutos; sacarlo, escurrir, abrirlo y utilizar las salchichas de inmediato.

Pizzetas fritas al oreganato

8 PORCIONES

INGREDIENTES
Levadura de cerveza, 20g
Agua tibia, 175cc
Aceite, 2 cucharadas
Harina, 275g
Sal, 1 cucharadita
Orégano, 1 cucharada
Salsa de tomate, 1 taza
Queso rallado grueso, 4 cucharadas
Aceitunas negras, 50g

◆ Diluir la levadura en el agua tibia, dejar espumar unos minutos, agregar el aceite y la harina mezclada con la sal y el orégano. ◆ Tomar la masa, amasar bien y estirarla hasta que alcance 1/2 centímetro de espesor. ◆ Cortar medallones con ayuda de un cortapasta y freírlos en aceite no muy caliente, cuando estén dorados de ambos lados escurrirlos sobre papel. ◆ Luego, cubrirlos ligeramente con la salsa y espolvorearlos con el queso rallado grueso. ◆ Servir las pizzetas en el momento para que resulten crocantes.

Fugazza rellena

8 PORCIONES

INGREDIENTES
Bollo de masa de pizza
(véase receta superior), 300g
Queso cuartirolo, 300g
Cebollas, 3
Aceite, 3 cucharadas
Sal, pimienta de molinillo y orégano,
a gusto

◆ Dividir el bollo de masa en dos partes, estirarlas hasta que resulten bien finas y acomodar unas de ellas en una pizzera aceitada. ◆ Cubrir con el queso cortado en dados, colocar encima el otro disco de masa y unir los bordes. ◆ Pelar las cebollas, cortarlas por la mitad y luego en rodajas finas, sumergirlas 2 minutos en agua hirviente con sal, escurrirlas y condimentarlas con sal y pimienta. ◆ Acomodarlas sobre la pizza, rociar con el aceite y espolvorear con el orégano. ◆ Cocinar en horno caliente 20 minutos.

Torre de pizzas

8 PORCIONES

INGREDIENTES

Levadura de cerveza, 50g
Agua o leche tibia, 375cc
Azúcar, 1 cucharada
Harina, 600g
Sal y pimienta, a gusto
Aceite, 2 cucharadas
Salsa de tomate, 1 taza
Condimentos para pizza, a gusto
Queso roquefort, 100g

Mozzarella, 300g
Queso sardo rallado, 150g
Jamón cocido, 150g
Huevos duros, 3
Anchoas, 6
Longaniza, 150g
Tomates, 2
Aceitunas, 100g

◆ Diluir la levadura en parte del agua o leche tibia, el azúcar y 2 o 3 cucharadas de harina, dejar espumar tapado en lugar tibio. ◆ Luego añadir en forma alternada el resto de agua o leche, la harina condimentada con sal y pimienta y el aceite, amasar bien y dejar leudar tapado. ◆ Cortar en 5 partes, estirarlas bastante finas, acomodar sobre placa aceitada, pincelar las masas con salsa de tomate y espolvorear con los condimentos para pizza. ◆ Cocinar en horno caliente 8 minutos, retirar del horno y volver a untarlas con salsa de tomate. ◆ Acomodar un disco de pizza en una tartera, cubrir con el queso roquefort desmenuzado, rodajas de *mozzarella* y queso rallado. ◆ Cubrir con otro disco de masa, colocar jamón, *mozzarella* y huevos duros, nuevamente masa y luego anchoas y rodajas de tomate, cubrir con otro disco de masa y acomodar rodajas de longaniza, huevos duros y aceitunas. ◆ Colocar la última pizza, ajustar, cubrir con el resto de salsa y gratinar en horno de temperatura moderada.

Nota *Puede elegirse uno de los rellenos y repetirlo en todas las capas.*

Show de petits blinis: blinis con levadura

30 A 35 UNIDADES

INGREDIENTES

Levadura de cerveza, 15g
Azúcar, 2 cucharadas
Leche tibia, 200cc
Yemas, 3

Manteca, 40g
Harina, 300g
Sal, 1 cucharadita
Claras, 3

◆ Diluir la levadura en una cucharada de azúcar y la leche tibia, dejar espumar y agregar las yemas, la manteca fundida y tibia y la harina con la sal. ◆ Por último incorporar las claras batidas a nieve con la otra cucharada de azúcar reservada, dejar descansar 10 minutos. ◆ Calentar una sartén untada con manteca, verter la pasta de *blinis* por cucharadas, cocinar a fuego moderado. ◆ Cuando se note que en la superficie se forman burbujas, darlos vuelta con una espátula y cocinar unos segundos más. Mantenerlos al calor.

Blinis sin levadura

40 UNIDADES

INGREDIENTES

Harina leudante, 2 tazas colmadas
Azúcar, 1 cucharadita
Sal y pimienta, a gusto
Yemas, 3

Leche, 300cc
Manteca fundida, 30g
Claras, 3

◆ Mezclar la harina con el azúcar, la sal y pimienta, agregar las yemas batidas con la leche, incorporar la manteca fundida y fría y por último las claras batidas a nieve. ◆ Calentar una sartén, untarla con manteca, verter la pasta por cucharadas, sin deslizarla, cocinar a fuego moderado de ambos lados.

Diferentes ideas para servir los blinis

1. Mezclar 3 huevos duros pasados por tamiz, 2 cucharadas de cebolla rallada, sal, pimienta, 2 cucharadas de crema de leche, 2 cucharadas de mayonesa y 1 cucharada de jugo de limón.

2. Desmenuzar una lata de atún y agregar 2 cucharadas de perejil, 2 de mayonesa, 2 de queso crema y 1 cucharada de jugo de limón.

3. Procesar 200g de jamón cocido y mezclar con 1 lata de jamón del diablo, 2 cucharadas de mayonesa, 3 cucharadas de nueces y 200g de queso blanco.

4. Rehogar en 20g de manteca y una cucharada de aceite una cebolla y un ají rojo picados, agregar una lata de choclo cremoso y condimentar con sal, pimienta, nuez moscada y 1/2 taza de queso *gruyère* rallado.

5. Cocinar 3 remolachas, pelarlas y procesarlas junto con 1/2 cebolla, un yogur natural, sal, pimienta y 1 cucharadita de mostaza.

6. Acomodar en diferentes boles caviar rojo y negro, rodajitas de tomate, de huevo duro, tiritas de apio y de morrones, rodajas de pepinos en vinagre, jamón crudo, pastrón, queso blanco, mayonesa, mostaza, salsa *ketchup* y rodajas finas de hinojos.

> **Nota** Para que todos los blinis, preparados con o sin levadura, tengan la misma forma, cortarlos con un cortapasta de 6 cm de diámetro después de cocidos.

Calzone con rellenos diferentes

8 A 10 PORCIONES

INGREDIENTES

Levadura de cerveza, 50g
Harina, 500g
Azúcar, 1/2 cucharadita
Agua tibia, 250cc
Aceite, 3 cucharadas
Sal, 1/2 cucharadita

◆ Diluir la levadura con 100g de la harina, el azúcar y el agua tibia, dejar espumar la levadura y añadir el aceite y el resto de la harina con la sal, tomar la masa, amasar bien y dejarla leudar en un bol tapada con papel film, cuando haya aumentado el doble de su volumen dividirla en dos partes, amasar y dejar leudar nuevamente.

> **Nota:** Con esta receta se pueden realizar dos calzoni pero se proponen cuatro rellenos diferentes para brindar mayor posibilidad de elección.

Relleno 1

Cantimpalo, 150g
Huevos duros, 2
Morrones, 2
Cebolla picada y rehogada, 1
Salsa de tomate, 1 taza
Mozzarella, 200g
Aceitunas negras, 100g

◆ Estirar uno de los bollos de masa y colocar encima el cantimpalo cortado en rodajas finas, los huevos duros picados, los morrones cortados en tiras, la cebolla, 1 cucharada de salsa de tomate y la mitad de la mozzarella cortada en cubos. ◆ Cerrar el calzone como si fuera una empanada, colocar sobre una placa aceitada, pincelar el calzone con salsa de tomate y cocinar en horno caliente 15 minutos. Cubrir con el resto de salsa, de mozzarella y las aceitunas, gratinar 5 minutos más.

Relleno 2

Jamón cocido, 150g
Roquefort, 50g
Palmitos, 4

Mozzarella, 150g
Mayonesa, 100g
Salsa golf, 50g

◆ Estirar el segundo bollo de masa y rellenar con el jamón picado, el roquefort cortado en trocitos, los palmitos en rodajas y la *mozzarella* en cubos. ◆ Rociar con la mayonesa, cerrar en forma de empanada ajustando bien los bordes y cocinar en horno caliente durante 15 minutos, pincelar con la salsa golf y gratinar en horno caliente 5 minutos más.

Relleno 3

Panceta, 200g
Champiñones, 250g
Dientes de ajo, 2
Cebolla grande, 1

Jamón cocido, 150g
Aceitunas rellenas, 150g
Tomates, 2

◆ En una sartén caliente desgrasar la panceta cortada en fina juliana. Incorporanr los champiñones fileteados gruesos, los ajos y la cebolla cortada en tiritas. ◆ Cuando todo esté ligeramente dorado, agregar el jamón cocido en dados pequeños. Retirar del fuego y dejar enfriar. ◆ Incorporar la aceitunas y tomates cortados en *concassé*. ◆ Estirar la masa rellenar la mitad, espolvorear con queso *gruyère* rallado grueso, cerrar como una empanada ajustando bien los bordes. ◆ Cocinar en horno de temperatura alta durante 15 minutos, pintar con aceite, espolvorear con queso rallado y terminar la cocción.

Relleno 4

Aceite, 1 cucharada
Atún, 400g
Cebollas, 2

Aceitunas rellenas, 150g
Huevos duros, 2
Morrones, 1 lata chica

◆ Picar en juliana la cebollas, rehogarlas en el aceite y agregar el atún. ◆ Estirar la masa y sobre una mitad extender el relleno salpicar con las aceitunas y los huevos cortados en cuartos, disponer los morrones cortados en tiras. ◆ Cerrar ajustando los bordes y cocinar en horno caliente 15 minutos, pincelar con aceite y dorar 5 minutos más.

Pascualina especial

10 A 12 PORCIONES

INGREDIENTES

Harina leudante, 2 tazas colmadas
Sal, pimienta y pimentón, a gusto
Aceite, 1/2 taza
Agua hirviendo, 1 taza
Cebolla, 1
Dientes de ajo, 2
Ají rojo, 1
Manteca y aceite, cantidad necesaria

Acelga hervida y bien exprimida, 4 tazas
Ricota, 400g
Jamón cocido, 100g
Huevos crudos, 3
Queso parmesano o similar, 100g
Sal, pimienta y nuez moscada, a gusto
Huevos duros, 4

◆ Colocar la harina en un bol, condimentar con sal, pimienta y una cucharadita colmada de pimentón, agregar el aceite y el agua hirviendo, tomar la masa, unir ligeramente y dividir en dos partes, una mayor que la otra. ◆ Estirar la masa más grande y tapizar una tartera de 26 a 28 cm de diámetro enmantecada y enharinada. ◆ Aparte picar la cebolla, los dientes de ajo y el ají, rehogar en 30g de manteca y 2 cucharadas de aceite, agregar la acelga picada, saltearla y retirar del fuego. ◆ Agregar la ricota, el jamón picado, los huevos y el queso rallado, condimentar con sal, pimienta y nuez moscada. ◆ Acomodar la mitad del relleno dentro del molde, distribuir los huevos duros cortados por la mitad, cubrir nuevamente con el relleno. ◆ Estirar el resto de masa y colocarla sobre el relleno, formar un repulgue con las dos masas, pinchar ligeramente la superficie, pincelar con huevo y, si se desea, espolvorear con 3 cucharadas de azúcar. ◆ Cocinar en horno de temperatura moderada de 40 a 45 minutos, dejar enfriar y desmoldar.

> *Nota:* Se pueden preparar pascualinas con otros vegetales, por ejemplo corazones de alcauciles, espinaca, brócoli, etc.

Cestos de gruyère y cebolla

6 PORCIONES

Ingredientes

Tapas para empanadas, 1 paquete (12 tapas)
Huevo, 1
Orégano, ají molido y pimienta, a gusto
Cebollas, 500g
Manteca, 40g
Aceite, 3 cucharadas
Sal, a gusto
Jamón cocido, 200g
Queso mantecoso, 250g
Crema de leche, 200g
Huevos crudos, 2
Perejil y queso *gruyère* rallado, a gusto
Huevos duros, 3

◆ Espolvorear seis tapas de empanadas con orégano, ají molido y pimienta de molinillo. ◆ Distribuir encima las otras 6 tapas y estirarlas con palote manteniendo la forma. ◆ Enmantecar la parte exterior de 6 moldes individuales, acomodar encima los discos de masa, pincelarlos con huevo y cocinarlos en horno caliente de 12 a 15 minutos. ◆ Retirar del horno, dejar pasar el calor fuerte y desmoldar. ◆ Cortar las cebollas por la mitad y luego en rodajas finas, cocinarlas en la manteca y el aceite, condimentarlas con sal y pimienta. ◆ Distribuir dentro de los cestos de masa el jamón cortado en juliana, la cebolla cocida y el queso cortado en dados. Mezclar la crema con los huevos ligeramente batidos, 1 cucharada de perejil y 4 cucharadas de queso rallado, condimentar con poca sal y un toque de pimienta, distribuir dentro de los cestos. ◆ Cocinar en horno caliente 8 a 10 minutos. ◆ Decorar con los huevos duros rallados espolvoreados con perejil.

Raclette

10 PORCIONES

INGREDIENTES

Queso tipo Valais (Atuel/Fontina), 1 y 1/2 kilo en un trozo
Pimienta negra de molinillo, a gusto
Papas pequeñas, 3 por persona
Vegetales cocidos, a gusto
Pepinitos y cebollitas en vinagre, cantidad necesaria
Pan de campo, 2
Tostadas, cantidad necesaria

◆ Fundir pequeños trozos de queso en el horno eléctrico para *raclette*, espolvorear con pimienta. ◆ Acompañar con las papas cocidas con su cáscara en agua con sal, los pepinitos, cebollitas y vegetales cocidos, ramitos de coliflor, de brócoli, chauchas, zanahorias, rodajas de pan de campo y tostadas.

Notas

Para preparar raclette *al aire libre, prender fuego, calentar piedras planas y lisas, cuando estén calientes colocar el queso.*
Cuando comience a fundirse, servirlo en platos.
Calentar las papas cocidas con su cáscara y el resto de vegetales sobre las piedras alrededor del queso.
La raclette es un plato original de Suiza. La leyenda cuenta que nació en Valais cuando unos viñateros decidieron comer frente a una fogata para calentarse. Uno de ellos dejó su porción de queso sobre una piedra que estaba junto al fuego, el calor fundió al queso y así nació la raclette.

Fondue bourguignon

10 PORCIONES

INGREDIENTES

Bola de lomo o lomo, 2 kilos
Aceite, 3/4 litro
Sal y pimienta, a gusto

◆ Cortar la carne en rodajas, luego en tiras y por último en cuadrados. Colocar una porción delante de cada comensal. ◆ En el centro de la mesa acomodar un calentador y sobre él un recipiente con el aceite caliente. ◆ Al lado de cada plato con carne colocar un tenedor largo para pinchar la carne y cocinarla en el aceite, un tenedor común y un platito para apoyar la carne cocida. La carne se debe salar en el momento de introducirla en el aceite. ◆ Distribuir boles con rodajas de tomate, arroz blanco, *pickles*, pancitos, y salsas para acompañar la carne.

Salsa Golf

◆ Mezclar mayonesa con 1 cucharada de *ketchup* y 1 cucharadita de salsa inglesa.

Mayonesa al curry

◆ Mezclar mayonesa con 1 cucharadita de *curry*.

Salsa tonata

◆ Mezclar mayonesa con atún desmenuzado, vino blanco seco, vinagre y alcaparras.

Fondue de queso

6 A 8 PORCIONES

INGREDIENTES

Queso *gruyère*, 600g
Queso Emmenthal, 400g
Dientes de ajo, 2
Vino blanco seco, 250cc

Kirsch, 3 cucharadas
Pimienta blanca de molinillo, a gusto
Nuez moscada, 1/4 de cucharadita
Panes caseros, cantidad necesaria

◆ Rallar los quesos con el rallador de verdura. ◆ Frotar la parte interior del caquelón o recipiente elegido con los dientes de ajo cortados por la mitad. ◆ Colocar el vino y calentarlo, agregar los quesos por cucharadas a medida que se va revolviendo en forma de ocho con cuchara de madera. ◆ Cuando se haya integrado todo el queso, perfumar con el kirsch y condimentar con un toque de pimienta y nuez moscada. ◆ Llevar al centro de la mesa sobre un calentador. ◆ Colocar delante de cada comensal una panera con pan cortado en cubos y un tenedor largo para pinchar el pan y mojar en la *fondue*. ◆ Es conveniente revolver cada vez para evitar que se pegue.

Fondue de queso súper express

6 PORCIONES

INGREDIENTES

Queso roquefort, 250g
Mayonesa, 250g

Crema de leche, 250g

◆ Calentar muy bien un recipiente, retirarlo del fuego y agregar el roquefort pisado. ◆ Revolver con cucharada de madera hasta que el queso se deshaga, añadir la mayonesa, integrarla bien y agregar la crema de leche. ◆ Calentar y servir con *croûtones* de pan.

> **Notas:** Con esta preparación no es necesario utilizar la olla de fondue (caquelón). Se puede guardar en freezer hasta 6 meses, descongelar en microondas o a baño de María. También se puede utilizar para acompañar todo tipo de carnes.

Fondue de chocolate

12 A 15 PORCIONES

INGREDIENTES

Chocolate de taza, 15 barritas
Leche, 750cc
Cáscara de naranja, 1 trozo
Crema de leche, 500g
Azúcar, 3 cucharadas

Fécula de maíz, 2 cucharadas
Varios: Bizcochos, vainillas, rodajas de banana, frutillas, trozos de bizcochuelo, gajos de mandarina, uvas, cerezas, etc.

◆ Rallar el chocolate. ◆ Colocar la leche en un recipiente sobre fuego, agregar la cáscara de naranja y hacer hervir 2 o 3 minutos. ◆ Filtrar la leche y colocarla en la cazuela o caquelón, agregar el chocolate, cocinar a fuego suave revolviendo con cuchara de madera. ◆ Mezclar la crema con el azúcar y la fécula, verter sobre el chocolate y cocinar revolviendo con cuchara de madera hasta que la preparación tome consistencia cremosa. ◆ Servir la *fondue* sobre calentador de mesa. ◆ Distribuir alrededor platos con las vainillas cortadas en trozos, las bananas, las frutillas, bizcochuelo y el resto de frutas. ◆ Todos los ingredientes deben tener el tamaño de un bocado. ◆ Delante de cada comensal colocar un tenedor largo para poder sumergir en el chocolate el ingrediente deseado.

Fondue con sabor a moka

5 PORCIONES

INGREDIENTES

Chocolate, 5 barritas
Café, 1 taza
Azúcar, 3 cucharadas

Canela, 1 cucharadita
Crema de leche, 100g

◆ Mezclar en una cazuela el chocolate rallado con el café, el azúcar, la canela y la crema de leche. ◆ Cocinar a fuego suave revolviendo siempre con cuchara de madera. ◆ Servir del mismo modo que la *fondue* de chocolate.

Pasta frola de batata al chocolate

12 A 14 PORCIONES

INGREDIENTES

Manteca, 150g
Azúcar, 150g
Huevo, 1
Yemas, 2
Esencia de vainilla, 2 cucharaditas

Harina leudante, 400g
Dulce de batata al chocolate, 500g
Café, 3 cucharadas
Nueces, 50g

◆ Desmigar la manteca con el azúcar, agregar el huevo, las yemas y la esencia, mezclar y añadir la harina, tomar la masa sin amasar. Si fuera necesario agregar 2 o 3 cucharadas de leche. ◆ Colocar la masa tapada en heladera por lo menos 30 minutos. ◆ Estirar las 3/4 partes de la masa y cubrir una tartera de 22 a 24 cm de diámetro enmantecada y enharinada. ◆ Poner el dulce con el café en un recipiente sobre el fuego y pisarlo hasta formar una crema, agregar las nueces picadas y colocar dentro de la masa. Con el resto de masa formar bastones, acomodarlos entrecruzados sobre el dulce en forma de enrejado. ◆ Pincelar con huevo y cocinar en horno de temperatura moderada de 30 a 35 minutos. ◆ Si desea darle más brillo a la pasta frola, pincelarla después de cocida con mermelada reducida.

> *Nota* Se puede variar el sabor utilizando dulce de membrillo, de batata, o mezclar 300g de ricota con 200g de mermelada de ciruelas, frutillas o frambuesas.

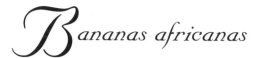
Bananas africanas

6 PORCIONES

INGREDIENTES

Vino marsala u otro licor dulce, 6 cucharadas
Manteca, 2 cucharadas
Chocolate de taza, 300g
Bananas, 6
Copos de arroz al chocolate, 2 tazas
Crema de leche, 500cc
Azúcar moreno, 2 cucharadas
Cerezas al marrasquino, 150g

◆ Colocar a baño de María el marsala o licor, la manteca y el chocolate cortado en trozos, revolver con cuchara de madera hasta que se funda. ◆ Retirar del fuego y dejar reposar hasta que la preparación tome cuerpo. ◆ Bañar las bananas y cubrirlas con los copos de arroz al chocolate, colocar en heladera hasta que el chocolate se endurezca. ◆ Batir la crema con el azúcar moreno hasta obtener punto sostenido. Distribuir una porción de crema en seis platos de postre. ◆ Acomodar encima las bananas, cubrirlas con el resto de crema y coronarlas con una cereza.

Una variante

◆ Apoyar las bananas ya bañadas en chocolate sobre una plancha de pionono untado con crema chantillí o pastelera, arrollar, poner en heladera hasta que esté bien frío y cortar en rodajas en forma diagonal. ◆ Salsear cada porción y espolvorear con copos.

Leche merengada

8 A 10 VASOS

INGREDIENTES
Chocolate de taza, 300g
Leche, 1 litro
Yemas, 3
Azúcar, 3 cucharadas
Café, 1 litro

CUBIERTA
Claras, 3
Azúcar, 9 cucharadas
Crema de leche, 250g
Canela, cantidad necesaria

◆ Derretir el chocolate en una taza de leche hirviendo, debe conseguirse un jarabe muy consistente, dejarlo enfriar. ◆ Batir las yemas con el azúcar a baño de María, incorporarle la leche chocolatada, mezclar bien. ◆ Agregar el café, que debe estar bien fuerte y frío, y la leche restante helada, colocar en vasos de trago largo. ◆ Batir aparte las claras a punto de merengue junto con el azúcar, cuando esté firme, incorporar la crema de leche batida a medio punto. ◆ Servir una cucharada de crema merengada sobre cada uno de los vasos y espolvorear apenas con canela. ◆ Tomar bien helado acompañado con vainillas, galletitas o rollitos de pionono con dulce de leche.

Nota: Esta receta puede adaptarse para servir en reuniones de adultos incorporando 200cc de licor de café al coñac y batiendo todos los ingredientes juntos.

Capítulo 8

Fiestas para chicos

Chips para los más chiquitos

35 UNIDADES

INGREDIENTES
MASA
Levadura de cerveza, 25g
Leche tibia, 150cc
Azúcar, 60g
Manteca, 50g
Huevo, 1

Yemas, 3
Harina 0000, 500g
Sal, 1 cucharadita
Varios: Mayonesa, jamón, queso de máquina, rodajas de huevo duro

◆ Diluir la levadura en la leche tibia con el azúcar hasta que espume, agregar la manteca a temperatura ambiente, el huevo y las yemas, incorporar por último la harina cernida con la sal. ◆ Amasar bien y dejar leudar tapado en lugar tibio. ◆ Cuando haya aumentado el doble de su volumen, tomar porciones de más o menos 15g, bollarlas y acomodarlas sobre una placa enmantecada y enharinada. ◆ Pincelar con yema diluida con una cucharada de leche, dejar leudar y cocinar en horno caliente (230°C) de 12 a 15 minutos. ◆ Abrir los *chips* por un costado y rellenarlos con muy poca mayonesa, jamón, queso de máquina, rodajas de huevo duro, sujetar cada *chip* con un palillo.

> **Nota**: Otra opción es rellenarlos con queso y jamón y ponerlos unos minutos en el horno para derretir el queso; servirlos calentitos.

Chips sorpresa con salchichas

30 UNIDADES

INGREDIENTES

Masa de chips, 500g
(véase pág. 136)

Mostaza, 4 cucharadas
Salchichas de copetín, 650g

◆ Preparar la masa de chips, dejarla leudar. ◆ Cortar porciones de 20g, bollarlas y aplanarlas ligeramente. Untarlas con mostaza, colocar en el centro una salchicha y envolverla con la masa. ◆ Acomodar los bocaditos sobre placa enmantecada y enharinada, pincelar con huevo, dejar leudar y cocinar en horno caliente de 12 a 15 minutos. ◆ Servir tibios.

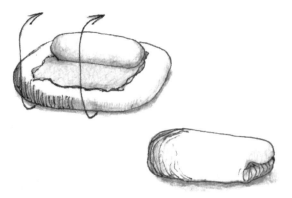

Notas También se puede cortar tiras de masa, untarlas con mostaza y enrollar en ellas cada salchicha; recortar florcitas de masa, colocarlas en la parte superior después de pincelar con huevo, dejar leudar y cocinar como se indica en la receta superior.

Otra opción es estirar la masa, cortar cuadrados, poner la mostaza y la salchicha en el centro, en forma diagonal y llevar las dos puntas libres del cuadrado sobre ella, envolviéndola a modo de pañuelito.

Caritas de pan, queso y fiambre

INGREDIENTES
Pan lactal
Queso y fiambres, a gusto

PARA DECORAR: aceitunas, huevos duros, ketchup, mayonesa, etcétera

◆ Cortar el queso y los fiambres en rodajas del grosor de las rebanadas de pan lactal. ◆ Con cortapastas redondos o con forma de flor o de corazón extraer porciones de las rebanadas y suplantarlas por formas iguales cortadas en queso o fiambre. ◆ Utilizar los recortes de fiambre y queso, huevos duros, aceitunas, arvejas, zanahoria, etcétera, para dibujar bocas, narices y ojos; marcar las pestañas, pecas y detalles con mayonesa, mostaza o *ketchup* (recipientes con pico vertedor).

Nota: Con el pan que se retira de las rebanadas se pueden preparar más caritas.

Cisnes de masa bomba

18 A 20 UNIDADES

INGREDIENTES

Agua, 1 taza
Manteca, 160g
Sal, 1 cucharadita
Harina 0000, 1 taza

Huevos, 4
VARIOS: Dulce de leche pastelero, crema pastelera, crema chantillí, chocolate cobertura, azúcar impalpable.

◆ Colocar sobre fuego el agua con la manteca y la sal, cuando rompa el hervor, incorporar la harina de golpe, mezclar y cocinar a fuego lento moviendo la preparación con cuchara de madera por lo menos durante 10 minutos. ◆ Dejar entibiar y agregar los huevos batiendo uno a uno cada vez. ◆ Colocar las 3/4 partes de la masa en manga con boquilla lisa de un diámetro grande, sobre placas limpias formar 18 a 20 bombas. ◆ Cocinarlas en horno caliente 10 minutos, bajar la temperatura y proseguir la cocción 15 minutos más. ◆ Colocar el resto de masa en una manga con boquilla lisa, de diámetro pequeño, sobre placas formar las cabecitas y los cuellos de los cisnes. Cocinar primero en horno caliente 6 minutos y luego a fuego suave 10 minutos más.

Para el armado

◆ Quitar a las bombas la tapita superior, cortarlas por la mitad y espolvorearlas con azúcar impalpable. Rellenar las bombas con dulce de leche pastelero, crema pastelera o crema chantillí. Pincelar la cabecita y el cuello de los cisnes con el chocolate fundido (formar el pico), introducirlos en las bombas, acomodar las tapitas formando las alas del cisne (véase dibujo).

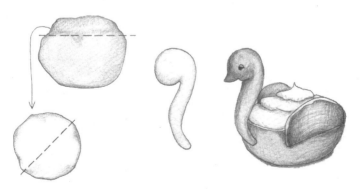

Alfajorcitos de chocolate

24 A 30 UNIDADES

INGREDIENTES

Almendras o nueces, 100g
Harina, 300g
Azúcar impalpable, 100g
Yemas, 3
Huevo, 1
Manteca, 200g
Cacao amargo, 2 cucharadas

◆ Procesar las almendras o nueces hasta obtener un polvo, mezclar con la harina y el azúcar impalpable. ◆ Formar una corona y colocar en el centro las yemas, el huevo, la manteca a temperatura ambiente y el cacao amargo. ◆ Mezclar los ingredientes centrales e incorporar los ingredientes secos. Unir la masa sin amasar, dejar descansar tapada en heladera por lo menos 30 minutos. ◆ Estirar la masa de 1/2 cm de espesor y con un cortapasta de 2 a 3 cm de diámetro cortar medallones. ◆ Colocarlos en placa enmantecada y enharinada, cocinar en horno de temperatura moderada durante 20 minutos. ◆ Dejar enfriar y unirlos de a dos con dulce de leche. Acomodar los alfajores sobre una rejilla puesta sobre un plato, cubrir los alfajores con el baño de chocolate. ◆ Decorar cada uno con media nuez o una almendra.

Baño de chocolate

◆ Mezclar 6 cucharadas de cacao y 6 cucharadas de azúcar impalpable, agregar muy lentamente agua hirviendo hasta que tome consistencia de crema. Incorporar 1 cucharada colmada de dulce de leche o 30g de manteca.

Alfajores de maicena

24 UNIDADES

INGREDIENTES

Manteca, 50g
Azúcar, 50g
Huevos, 2
Esencia de vainilla, 1 cucharadita
Fécula de maíz, 200g
Harina, 100g
Polvo para hornear, 1 cucharadita

◆ Batir la manteca a temperatura ambiente con el azúcar, agregar los huevos uno a uno batiendo cada vez, perfumar con la esencia. ◆ Agregar la fécula cernida con la harina y el polvo para hornear. ◆ Tomar la masa sin amasar, dejarla descansar envuelta, en heladera, por lo menos 1 hora. Estirar la masa de 1 cm de espesor y cortar medallones de 2 a 3 cm de diámetro con ayuda de un cortapasta. ◆ Acomodarlos en una placa enmantecada y enharinada algo separados unos de otros. ◆ Cocinar en horno caliente (210°C) durante 10 minutos. ◆ Dejarlos enfriar y armarlos uniéndolos de a dos con dulce de leche pastelero. ◆ Prolijar los rebordes pasándolos por coco rallado.

Notas El agregado de unas gotas de colorante amarillo cuando se prepara la masa les da la apariencia característica de los de confitería.

Las tapitas se pueden preparar con anticipación y, una vez frías, guardarlas en frascos o latas herméticas para que se conserven sequitas. Los alfajores se arman en el momento que se van a consumir. Para obtener tapas más redondeadas usar el cortapasta invertido (cortar con el lado del reborde).

La cantidad que se obtiene varía según el diámetro que se de a las tapitas.

Negritos divertidos

24 PORCIONES

INGREDIENTES

Tapitas de alfajores de maicena, 24
(véase pág. 141)
Dulce de leche pastelero, 500g
Chocolate cobertura, 400g

Mazapán, 100g
Azúcar impalpable, cantidad necesaria
Colorantes vegetales, a gusto

◆ Colocar las tapas de alfajores en una placa, sacudirlas con un pincel para quitarles bien el polvillo, luego formar sobre cada una de ellas un copete bien grande de dulce de leche colocado en una manga con boquilla lisa. Llevar a heladera hasta enfriar bien. ◆ Fundir el chocolate cobertura, y bañar las masitas sumergiéndolas en forma invertida, dejar solidificar el chocolate. ◆ Amasar el mazapán con azúcar impalpable hasta que no se pegue en las manos, dividir en porciones y darles diferentes colores con colorantes vegetales. Formar con ellos ojitos, narices, bocas sonrientes, moñitos, y adherirlos en las masitas formando caritas. (Véanse dibujos.)

Pepitas y corazones

35 UNIDADES

INGREDIENTES
Azúcar impalpable, 100g
Manteca, 200g
Yemas, 2
Esencia de vainilla, 2 cucharaditas
Harina, 300g

◆ Batir la manteca con el azúcar, agregar las yemas y la esencia, mezclar e incorporar la harina. Tomar la masa y dejarla descansar tapada en heladera por lo menos 1 hora. ◆ Para realizar las pepitas tomar una porción de masa y formar un cilindro, cortar trocitos de 2 a 3 cm. Con ayuda de las manos darles forma de esferas, aplanarlas ligeramente y hundirles el centro. Acomodar en placas enmantecadas y enharinadas, algo separadas unas de las otras. Rellenar el centro con dulce de membrillo pisado o una mermelada espesa. Cocinar en horno caliente (220°C) de 10 a 12 minutos. ◆ Para los corazones estirar una porción de masa y con ayuda de un cortapasta cortar corazones. Acomodarlos en una placa enmantecada y enharinada, pincelarlos con huevo y espolvorearlos con nueces picadas. Cocinar en horno caliente de 10 a 12 minutos. ◆ Si desea realizar los corazones al chocolate cocinarlos sin pincelarlos ni espolvorearlos con nueces y cuando estén fríos bañarlos en chocolate.

> **Nota**
> También se puede agregar una cucharada de cacao a una porción de la masa, amasarla hasta que el color quede parejo; estirarla y cortar masitas de formas variadas. Cocinar del mismo modo.

Mantecados de tres gustos

40 UNIDADES

INGREDIENTES

Manteca, 200g
Azúcar, 220g
Huevos, 4
Esencia de vainilla, 2 cucharaditas
Harina leudante, 240g
VARIOS: Canela, cacao, coco, dulce de leche, azúcar impalpable, nueces, cerezas.

◆ Batir la manteca con el azúcar hasta obtener una crema, agregar los huevos uno a uno batiendo cada vez, perfumar con la esencia y añadir la harina. ◆ Dividir la preparación en tres partes, agregar a una de ellas una cucharadita de canela. A otra mezclarla con 1 cucharada de cacao y a la otra 1 cucharada de coco. ◆ Distribuir las distintas mezclas en pirotines de papel llenándolos solamente hasta las 3/4 partes. ◆ Acomodarlos sobre placa y cocinar en horno caliente de 15 a 18 minutos. ◆ Si desea, decorar algunos con un copete de dulce de leche, espolvorear a los de sabor de coco con coco, a otros con azúcar impalpable o decorar con nueces o cerezas.

Algunas variantes

De pasas: Agregar a la preparación 50g de pasas de uva.
De nueces: Incorporar 2 cucharadas de nueces picadas a la preparación.
De naranja: Perfumar con una cucharada de ralladura de naranja y, si se desea, incorporar a la mezcla 1 cáscara de naranja abrillantada picada.

Bocados de dulce de leche y almendras

20 A 22 UNIDADES

INGREDIENTES
Pionono de 4 huevos, 1
Dulce de leche pastelero, 500g
Almendras, 100g
Chocolate cobertura blanco, 200g
Aceite neutro, 1 cucharada
Esencia de almendras, 1 cucharadita

◆ Cortar el pionono en medallones de 4 cm de diámetro con ayuda de un cortapasta. ◆ Realizar sobre cada medallón un copete de dulce de leche, introducir una almendra en cada copete de dulce de leche, cubrir con otra porción de pionono. Ajustar ligeramente para que el dulce de leche se distribuya en forma pareja, colocar unos minutos en la heladera. ◆ Aparte filetear el chocolate y fundirlo a baño de María sin que hierva el agua, agregar el aceite y la esencia. ◆ Colocar los bocaditos sobre una rejilla, bañarlos con el chocolate y dejarlos secar hasta que el chocolate esté firme.

Arrolladitos de dulce de leche

12 A 15 UNIDADES

INGREDIENTES
Pionono de 4 huevos, 1
Dulce de leche pastelero, 6 cucharadas

◆ Preparar el pionono según las indicaciones de página 258. ◆ Cuando esté frío untarlo con el dulce de leche y arrollarlo por la parte más larga para obtener un diámetro menor. ◆ Cortar masitas de 1 a 1,5 cm de ancho. Si se desea, antes de cortarlo se puede espolvorear con azúcar impalpable o salsear con chocolate.

Coquitos

30 UNIDADES

INGREDIENTES

Huevos, 4
Azúcar, 120g
Ralladura de 1/2 limón

Coco rallado, 300g
Harina, 100g
Manteca, 150g

◆ Batir ligeramente los huevos con el azúcar, agregar la ralladura, el coco mezclado con la harina alternando con la manteca derretida y fría. ◆ Mezclar muy bien y colocar en manga con boquilla rizada. ◆ Enmantecar y enharinar una placa, formar los coquitos y cocinarlos a temperatura mediana (175°C) durante 30 minutos. Tienen que resultar doraditos por fuera y húmedos en el interior.

Algunas variantes

◆ Se pueden unir los coquitos de a dos untando sus bases con dulce de leche pastelero.

◆ Esta pasta se puede cocinar en pirotines de papel, poniendo sobre cada masita una almendra o media nuez. Cuando estén cocidas decorar algunas con un copete de dulce de leche y otras con crema pastelera o chantillí.

◆ Con la pasta de coco puesta en manga también se pueden realizar anillos chatos de 5 cm de diámetro. Una vez cocidos bañarlos hasta la mitad con chocolate.

Cocadas

24 UNIDADES

INGREDIENTES
Claras, 5
Azúcar molida, 400g
Coco seco, 350g

◆ Colocar en un bol metálico, con preferencia de cobre, las claras y batirlas. Cuando estén bien consistentes colocar sobre fuego lento y directo y seguir batiendo hasta calentar bien. ◆ Agregar el azúcar en forma de lluvia y seguir batiendo. ◆ Retirar del fuego y añadir el coco, mezclar suavemente con cuchara de madera. ◆ Sobre placa enmantecada y enharinada colocar la preparación por cucharadas, distanciadas unas de otras. ◆ Cocinar en horno muy suave durante 60 a 70 minutos. Deben resultar lo más secas y blancas posible. Dejar enfriar dentro del horno apagado.

By biscuits

2 DOCENAS

INGREDIENTES
Huevos, 5
Azúcar, 200g
Aceite neutro, 1 pocillo de café
Esencia de vainilla, 2 cucharaditas
Harina leudante, 200g

◆ Batir los huevos con el azúcar hasta obtener punto cinta o letra, agregar el aceite y la esencia, seguir batiendo unos segundos más. ◆ Cernir sobre el batido la harina revolviendo suavemente y en forma envolvente. ◆ Colocar la preparación en una asadera de 25 x 30 cm enmantecada y enharinada y cocinar en horno de temperatura moderada de 25 a 30 minutos. Dejar enfriar y cortar listones de 2 a 3 cm de ancho por el largo deseado. ◆ Colocarlos nuevamente sobre la asadera apoyados sobre la parte cortada, llevarlos a horno caliente unos minutos hasta que estén dorados. Apagar el horno y dejarlos enfriar en su interior.

Galletitas sonrientes

30 UNIDADES

INGREDIENTES

Harina, 400g
Polvo para hornear, 1/2 cucharadita
Sal, 1 pizca
Manteca, 200g

Miel, 2 cucharadas
Yemas, 3
Mermelada de ciruelas, cantidad necesaria

◆ Mezclar la harina con el polvo para hornear y la sal. ◆ Batir la manteca con la miel y las yemas, agregar la mezcla de la harina y unir la masa sin amasar, dejarla descansar tapada en heladera por lo menos 1 hora. ◆ Estirar la masa y cortar medallones de 3 cm de diámetro. ◆ Colocar en el centro de la mitad de los medallones la mermelada de ciruelas. ◆ A la otra mitad, con la punta de una boquilla lisa retirar dos círculos de la masa para formar los ojos. ◆ Con un cuchillo filoso quitar un pedacito de masa formando una boca sonriente. ◆ Colocar los medallones con la forma de la cara sobre los medallones con mermelada. Ajustar los rebordes y colocar en una placa enmantecada y enharinada. ◆ Cocinar en horno más bien caliente durante 12 minutos.

> **Nota** *Para cortar los medallones se pueden utilizar cortapastas con bordes ondulados o formas diferentes.*

Vainillas

16 UNIDADES

INGREDIENTES

Huevos, 3
Yemas, 3
Azúcar, 150g
Harina, 150g
Manteca, 30g
Esencia de vainilla, 1 cucharadita

◆ Batir los huevos, las yemas y el azúcar hasta obtener punto letra, o sea cuando la preparación aumente el doble de su volumen. ◆ Cernir sobre el batido la harina, agregar la manteca derretida y fría y la esencia. Mezclar con batidor, revolviendo con suavidad en forma envolvente. ◆ Colocar en manga con boquilla lisa. Enmantecar y enharinar las chapas especiales para vainillas y distribuir la preparación en sus cavidades. ◆ Cocinar en horno de temperatura moderada durante 20 minutos, darlas vuelta y cocinarlas 5 minutos más. Espolvorearlas con azúcar impalpable.

Waffles

12 UNIDADES

INGREDIENTES

Harina, 440g
Polvo para hornear, 1 cucharadita
Sal, 1/2 cucharadita
Huevos, 4
Leche, 300cc
Manteca, 100g

◆ Cernir la harina con el polvo para hornear y la sal. ◆ Batir ligeramente los huevos con la leche y la manteca fundida. ◆ Mezclar las dos preparaciones hasta obtener una pasta homogénea, dejar reposar por lo menos 20 minutos. ◆ Calentar la *wafflera*, pincelarla con manteca y colocar la preparación cubriendo hasta el borde del molde. Cerrarla y cocinar 1 y 1/2 minuto de cada lado. ◆ Servir los *waffles* acompañados de jamón, queso, mermeladas, miel o dulce de leche.

Galletitas de avena sin cocción

24 UNIDADES

INGREDIENTES

Manteca, 250g
Azúcar, 1 taza
Avena arrollada, 2 tazas colmadas
Cacao, 3 cucharadas
Leche, 3 cucharadas
Galletitas de agua, cantidad necesaria

◆ Derretir la manteca con el azúcar, agregar la avena, el cacao y la leche. ◆ Tapizar un molde rectangular con papel manteca. ◆ Cubrir la base con galletitas de agua colocadas una al lado de la otra. Cubrir las galletitas con una capa de la crema de avena, colocar otra capa de galletitas y repetir crema y galletitas hasta finalizar. ◆ Colocar en congelador, dejar helar y desmoldar. Cortar en rectángulos.

Moldeados de gelatina y frutas

24 UNIDADES

INGREDIENTES

Jugo de naranja, 500cc
Frutas varias, 2 tazas
Gelatina de frutas, 1 paquete
Agua, 500cc

◆ Colocar el jugo de naranja en una cacerolita con las frutas cortadas en cubitos, cocinar un minuto y agregar la gelatina, mezclar con cuchara de madera hasta que rompa el hervor. ◆ Retirar del fuego y agregar el agua fría, dejar entibiar y distribuir en vasitos de plástico descartables. Llevar a la heladera hasta solidificar. Servir en los mismos vasitos.

35 A 40 UNIDADES

INGREDIENTES

Azúcar, 500g
Agua, 250cc
Gelatina sin sabor, 15g

Esencia de vainilla, 2 cucharaditas
Sal, 1 pizca

◆ Colocar el azúcar en un recipiente, cubrir con la mitad del agua, es decir, 125cc. Cocinar hasta obtener punto de hilo fuerte, o sea que al tomar un poco de almíbar entre dos dedos y separarlos se forme entre ellos un hilo que no se rompa. ◆ Aparte, en batidora mezclar la gelatina con la esencia, la sal y el resto de agua. ◆ Agregar el almíbar hirviente a medida que se bate hasta que la preparación se vuelva blanca. ◆ Verter en asadera espolvoreada con azúcar impalpable o coco rallado, alisar bien y cubrir con más azúcar o coco. ◆ Dejar enfriar y cortar en cubos; acomodar en pirotines.

Notas Con esta receta se pueden elaborar las galletitas merengadas colocando la preparación caliente entre dos galletitas dulces; después pasar los bordes, si se desea, por coco o azúcar molido.
También es posible lograr diferentes colores si durante el batido se agregan unas gotas de colorante.
Una idea diferente para presentarlos es cortar tiras de 1,5 cm de ancho y arrollarlas sobre palillos de brochette. Se adhieren con facilidad debido a su consistencia.

Caramelos de dulce de leche

30 A 40 UNIDADES

INGREDIENTES

Leche condensada, 1 lata
Glucosa, la misma medida (1 lata)
Azúcar, la misma medida (1 lata)
Manteca, la misma medida (1 lata)
Esencia de vainilla, 2 cucharaditas

◆ Colocar en un recipiente con preferencia de cobre el contenido de la lata de leche condensada. Incorporar una medida igual de glucosa, una de azúcar y una de manteca. ◆ Cocinar revolviendo de vez en cuando con cuchara de madera hasta que la preparación se separe del fondo y al colocar un poquito en agua fría, tome la consistencia de bolita dura. ◆ Retirar del fuego, perfumar con esencia y verter en una asadera enmantecada, alisar bien y marcar cuadrados. ◆ Dejar enfriar, cortarlos y envolverlos en papel celofán.

Algunas variantes

Al chocolate: Agregar a la preparación 3 cucharadas de cacao amargo.
De nuez: Añadir a la preparación 100g de nueces picadas.
De coco: Tostar unos minutos en horno de temperatura moderada 100g de coco rallado, incorporarlo a la preparación.
De maní: Añadir a la preparación 100g de maníes picados.

Chupetines Ezequiel de colores

10 MEDIANOS

INGREDIENTES

Azúcar, 250g
Glucosa, 70g
Agua, 125cc

Varios: Esencias de vainilla, frutilla o menta y colorantes vegetales: amarillo, rojo y verde.

◆ Cocinar el azúcar con la glucosa y el agua hasta punto caramelo; para saber el punto hacer la prueba en agua fría, cuando el caramelo se rompa como el cristal estará listo (150° a 155°C). ◆ Perfumar con la esencia deseada, separar el caramelo en 2 o 3 partes, colorear cada una de ellas con unas gotas de colorante rojo, verde y amarillo. ◆ Sobre la mesada aceitada verter pequeñas porciones, tratar de hacer caer el caramelo en un mismo punto, hasta que los chupetines tomen el diámetro deseado. ◆ Antes de que se enfríe hundir palitos en el caramelo. Cuando estén casi duros despegar los chupetines de la mesada.

Notas

En seguida de distribuir el caramelo para los chupetines, cubrir el recipiente con agua y hervirlo para limpiarlo sin inconvenientes.
Es importante preparar como se indica, en pequeñas porciones, porque el caramelo se enfría rápidamente y se endurece.
Pueden envolverse con papel celofán y entregar como souvenirs.

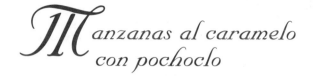
Manzanas al caramelo con pochoclo

10 UNIDADES

INGREDIENTES

Manzanas pequeñas, 10
Azúcar, 300g
Glucosa, 1/2 cucharada

Agua, cantidad necesaria
Colorantes vegetales, a gusto

◆ Elegir manzanas pequeñas, insertarlas en una *brochette* de madera. ◆ Colocar el azúcar con la glucosa en una cacerola, cubrir con 175 cc de agua, hacer hervir hasta punto caramelo, es decir, cuando al tomar almíbar con una cucharita y colocarlo en agua fría se forme un caramelo que se rompe como un cristal (150° a 160°C). ◆ Sujetar un extremo de la *brochette* e introducir la manzana en el caramelo caliente, pasarla inmediatamente por el pochoclo para que éste se adhiera. ◆ Si se desea, colorear el caramelo con colorante vegetal. ◆ Pinchar las manzanas en un telgopor forrado con papel de colores.

Pochoclo

◆ Calentar 2 cucharadas de aceite en una cacerola, colocar 300g de maíz pizingallo y tapar. Retirar la tapa cuando deje de oírse el ruido del maíz golpeando contra la tapa. Espolvorear con el azúcar, mezclar, cocinar unos segundos más y utilizar.

◆ Se le puede dar diferente sabor agregando unas gotas de esencia de frutillas en el momento de poner el azúcar.

◆ Es una linda idea servirlo a los chicos en cucuruchos de cartulina de distintos colores.

Capítulo 9

Masas finas y petits fours

Almendrados de mazapán

36 UNIDADES

INGREDIENTES
Mazapán, 250g
Huevos, 6
Azúcar, 100g
Sal, 1 pizca
Almendras, 100g
Chocolate cobertura, 100g
Ralladura de cáscara de 1/2 limón
Harina leudante, 250g

CUBIERTA
Crema de manteca y yemas
(véase pág. 263), 1 medida
Mazapán, 200g
Coñac, 50cc
Chocolate picado, 100g
Almendras fileteadas, 50g

◆ Batir el mazapán con las yemas y la mitad del azúcar durante 3 minutos. ◆ Aparte batir las claras a punto nieve, seguir batiendo a medida que se incorpora el resto de azúcar, la sal, las almendras picadas gruesas al igual que el chocolate cobertura. ◆ Perfumar con la ralladura, incorporar por último el batido de yemas y la harina. ◆ Cocinar en placa rectangular de 25 x 35 cm tapizada con papel manteca enmantecado y enharinado durante 50 minutos a temperatura media (200°C). ◆ Retirar del horno, desmoldar y retirar el papel. ◆ Preparar una crema base de manteca y yemas siguiendo las indicaciones de la página 263, cuando la crema tome medio punto incorporarle el mazapán cortado en pequeños trocitos, perfumar con el coñac. ◆ Untar con esta crema la superficie de las masitas, dejar reposar en heladera de 2 a 3 horas. Cortar rectángulos de 2 x 4 cm. ◆ Sin retirar las masitas de la placa espolvorear la mitad de cada rectángulo con chocolate picado y la otra mitad con almendras fileteadas.

Bocaditos de almendras

30 UNIDADES

INGREDIENTES
Manteca, 200g
Azúcar impalpable, 200g
Yemas, 2
Almendras tostadas y molidas, 4 cucharadas
Ron, 3 cucharadas
Crema chantillí, 200g
Bizcochuelo de chocolate de 4 huevos, 1
Almíbar, 1 pocillo

◆ Batir la manteca, agregar lentamente el azúcar hasta obtener una crema, incorporar las yemas una a una batiendo cada vez, añadir las almendras y una cucharada de ron. ◆ Dividir la crema en dos partes, agregar a una de ellas la crema chantillí bien sostenida. ◆ Cocinar el bizcochuelo en una asadera para que resulte de una altura de 4 a 5 centímetros, abrirlo por la mitad, untarlo con la crema de almendras, cubrir con la otra parte de bizcochuelo y humedecerlo con el almíbar mezclado con el resto de ron, distribuir encima la crema de almendras mezclada con la crema chantillí. ◆ Llevar a heladera por lo menos 3 horas. Cortar en porciones de 3 a 4 centímetros de lado. Distribuir en pirotines.

Merenguitos de nuez

40 UNIDADES

INGREDIENTES
Claras, 3
Azúcar, 9 cucharadas
Nueces picadas, 100g
Fécula de maíz, 1 cucharadita

◆ Batir las claras hasta que estén bien espumosas y agregar 4 cucharadas de azúcar en forma de lluvia; seguir batiendo hasta obtener un merengue bien firme. ◆ Añadir las nueces picadas mezcladas con 5 cucharadas de azúcar y la fécula de maíz; incorporar revolviendo suavemente con una espátula. ◆ Enmantecar y enharinar una placa, tomar porciones de merengue con una cucharita y con ayuda de otra cucharita deslizarlas sobre la placa formando los merenguitos. ◆ Cocinarlos en horno de temperatura suave durante una hora. ◆ Se conservan por mucho tiempo en latas o frascos de vidrio.

Borrachitos de cointreau

24 A 30 UNIDADES

INGREDIENTES
Levadura de cerveza, 20g
Leche, 5 cucharadas
Azúcar, 4 cucharadas
Harina, 250g
Manteca, 100g
Huevos, 4
Sal, 1 pizca
Azúcar, 200g

ALMÍBAR
Agua, 1/2 taza
Jugo de limón y de naranja, 1/2 taza
Cointreau, 5 cucharadas

CUBIERTA Y DECORADO
Crema de leche, 250g
Azúcar, 3 cucharadas
Gajitos de naranja y cerezas, para decorar

◆ Mezclar la levadura con la leche tibia, 1/2 cucharadita del azúcar y 3 cucharadas de harina, dejar espumar. ◆ Agregar la levadura a la harina batiendo con la mano para obtener una masa esponjosa. Tapar con un lienzo y dejar levar en lugar tibio hasta que aumente su volumen. ◆ Agregar a la masa la manteca a temperatura ambiente, los huevos, el azúcar y la sal. ◆ Unir muy bien y distribuir en pirotines N° 6 rociados con rocío vegetal. Colocarlos sobre placa y dejarlos levar. ◆ Cocinar durante 20 minutos en horno precalentado a temperatura de 200°C. ◆ Retirar del horno, dejar enfriar en la misma placa teniendo la precaución de que las masitas queden bien juntas unas a otras. ◆ Preparar un almíbar cubriendo el azúcar con el jugo de los cítricos y el agua, hacer hervir 5 minutos, agregar el *cointreau* y retirar del fuego. Rociar las masitas frías con el almíbar caliente hasta que queden bien borrachas. ◆ Aparte batir la crema con el azúcar, colocar en manga con boquilla rizada y formar un anillo de crema sobre cada masita. Decorar con un casquito de naranja y 1/2 cereza.

Nota: *Si se emborrachan las masitas cuando están calientes debe utilizarse el almíbar frío. Nunca tienen que estar los dos elementos a la misma temperatura.*

Brownies con crema de frambuesas

36 UNIDADES

INGREDIENTES

Chocolate para taza, 6 barritas
Manteca, 150g
Huevos, 5
Azúcar, 350g
Harina, 250g
Polvo para hornear, 1 cucharadita
Esencia de vainilla, 1 cucharadita
Nueces, 100g
Crema de leche, 300g
Azúcar impalpable, 3 cucharadas
Gelatina sin sabor, 7g
Jerez, 2 cucharadas
Frambuesas, 1 taza

◆ Fundir el chocolate con la manteca a fuego muy suave. ◆ Aparte batir los huevos con el azúcar hasta obtener punto letra. Mezclar las dos preparaciones con movimientos suaves y envolventes. ◆ Agregar la harina cernida con el polvo para hornear, la esencia y las nueces bien picadas. ◆ Distribuir en pirotines llenándolos hasta las 3/4 partes. Cocinar en horno de temperatura moderada de 15 a 18 minutos. ◆ Batir la crema con el azúcar impalpable a medio punto. ◆ Diluir la gelatina con el jerez, calentar, dejar entibiar y agregar a la crema. ◆ Incorporar la mitad de las frambuesas y seguir batiendo hasta obtener un punto bien firme. ◆ Formar un copete sobre cada masita y decorar con una frambuesa entera. Mantener en heladera.

> **Nota** La pasta de brownies puede cocinarse en molde redondo grande y utilizar el disco como base de postre con diferentes cremas, o cortarlo con cortapastas y armar un postre individual con bochas de helado y salsa de chocolate.

Conitos de frambuesa

12 UNIDADES CHICAS O 6 GRANDES

INGREDIENTES
Huevos, 2
Agua, 4 cucharadas
Azúcar, 100g
Esencia de vainilla, 1 cucharadita
Fécula de maíz, 50g
Harina común, 90g

RELLENO
Crema de leche, 250g
Azúcar, 2 cucharadas
Esencia de vainilla, 1 cucharada
Frambuesas, 250g

◆ Mezclar los huevos con el agua, el azúcar y la esencia de vainilla. Tamizar aparte la harina y la fécula, agregarlas por cucharadas a la preparación anterior mezclando suavemente. ◆ Dejar descansar la masa 5 minutos. ◆ Enmantecar y enharinar una placa. ◆ Tomar la pasta por cucharadas y extender 3 o 4 porciones sobre la placa formando círculos de 7cm de diámetro. ◆ Cocinar en horno caliente 5 minutos hasta dorar, sin dejar enfriar tomar cada porción y arrollarla alrededor de una boquilla de decoración, para que al enfriarse tome forma de cono. Repetir la operación hasta finalizar con la pasta. ◆ Batir la crema junto con el azúcar y la esencia a punto bien firme, agregarle la mitad de las frambuesas. Rellenar con esta crema los conitos. ◆ Cubrir la abertura del conito con el resto de frambuesas reservadas y colocar el chocolate en un cartucho de papel y decorar formando hilos.

Nota: Se pueden utilizar frambuesas congeladas o reemplazar éstas por frutillas, grosellas o moras.

Cubitos de chocolate y nuez súper express

30 PORCIONES

INGREDIENTES

Bizcochuelo de chocolate, 1 paquete
Licor de café al coñac, 1/2 pocillo
Dulce de leche pastelero, 200g
Chocolate de taza, 200g
Nueces molidas, 100g
Chocolate cobertura, 1 sachet
Aceite neutro, 2 cucharadas
Nueces mariposa, 150g

◆ Preparar el bizcochuelo siguiendo las indicaciones del envase, cocinarlo en asadera de 30cm de lado para obtener un bizcochuelo de sólo 3 a 4 centímetros de altura. ◆ Después de cocido dejarlo enfriar y cortarlo por el medio formando 2 capas, rociarlas con el licor. ◆ Mezclar el dulce de leche con el chocolate derretido previamente a baño de María y las nueces molidas, extender sobre el bizcochuelo y cubrir con la otra capa de bizcochuelo. ◆ Colocar el sachet de chocolate cobertura en agua caliente, cuando esté fundido colocarlo en un bol y mezclarlo con el aceite para que se deslice con más facilidad. ◆ Salsear la preparación y dejar secar unos minutos, luego cortar en cubos de 3 a 4 centímetros de lado, decorar cada uno de ellos con media nuez y salsear encima con hilos de chocolate cobertura blanco.

> *Nota* *También se pueden decorar con copetes de diferentes cremas y trocitos de frutas a gusto.*

Curabiedes

30 UNIDADES

Ingredientes

Manteca, 200g
Azúcar impalpable, 100g
Yemas de huevos duros, 2
Yema cruda, 1
Almendras molidas, 125g
Coñac, 1 cucharada

Esencia de almendras, 1 cucharadita
Harina, 350g
Bicarbonato, 1 pizca
Polvo para hornear, 1/2 cucharadita
Agua de azahar, cantidad necesaria
Azúcar impalpable, cantidad necesaria

◆ Batir la manteca a temperatura ambiente con el azúcar hasta obtener una crema. ◆ Agregar las yemas duras y la yema cruda batiendo cada vez. ◆ Incorporar el polvo de almendras, el coñac, la esencia y por último la harina cernida con el bicarbonato y el polvo para hornear. ◆ Tomar la masa sin amasar y dejar descansar tapada en la heladera por lo menos 1 hora. ◆ Tomar pequeñas porciones y formar los *curabiedes* realizando esferitas, pequeñas medialunas o bastoncitos. ◆ Acomodar sobre una placa enmantecada y cocinar en horno de temperatura moderada de 15 a 20 minutos. Al retirarlos del horno, en caliente, rociarlos con agua de azahar y espolvorearlos con azúcar impalpable.

 Los curabiedes *se pueden utilizar como pequeños* petits fours *para acompañar el café.*

Delicia de almendras y uvas

36 UNIDADES

INGREDIENTES

Huevos, 4
Azúcar, 150g
Sal, 1 pizca
Almendras, 250g
Harina, 3 cucharadas
Canela, 1/2 cucharada

Gelatina, 7g
Licor dulce, 6 cucharadas
Agua, 3 cucharadas
Crema de leche, 300g
Azúcar, 3 cucharadas

◆ Separar las yemas de las claras. Batir las yemas con el azúcar hasta que resulten bien cremosas. ◆ Aparte batir las claras con la sal a punto nieve, unir los dos batidos. ◆ Mezclar las almendras molidas a polvo con la canela y la harina. ◆ Incorporar estos elementos secos al batido mezclando suavemente y en forma envolvente. ◆ Tapizar una placa para horno con papel enmantecado y enharinado. Distribuir el batido, que debe quedar de 3cm de espesor. ◆ Cocinar en horno precalentado a 175°C durante 30 minutos. Retirar del horno, dejar enfriar, cortar cuadritos del tamaño deseado y colocarlos en pirotines. ◆ Hidratar la gelatina con el licor, agregar el agua hirviendo y dejar reposar. ◆ Batir la crema con el azúcar, añadirle la gelatina y colocar en manga con pico rizado grande. ◆ Realizar un copete sobre cada masita y decorar con una uva pelada y sin semilla.

> **Notas** *Se puede reemplazar a las almendras por nueces procesando éstas con una cucharada de fécula para absorber el exceso de aceite.*
>
> *También se puede dividir la preparación en dos partes y a una agregarle una cucharada de cacao amargo o dulce.*

Masitas de café y avellanas

24 UNIDADES

INGREDIENTES
Avellanas, 200g
Fécula de maíz, 2 cucharadas
Huevos, 6
Azúcar, 200g
Esencia de vainilla, 1 cucharadita
Ralladura y jugo de 1/2 limón

CUBIERTA
Crema de leche, 500cc
Azúcar, 5 cucharadas
Café soluble, 2 cucharadas
Gelatina sin sabor, 7g
Licor dulce o agua, 50cc
Avellanas enteras para decorar, 100g

◆ Tostar las avellanas y molerlas, mezclarlas con la fécula. ◆ Aparte separar las yemas de las claras y batir las yemas con el azúcar, la esencia, la ralladura y el jugo de limón. ◆ Batir las claras a punto nieve y unir las dos preparaciones. ◆ Agregar las avellanas y la fécula con movimientos suaves y envolventes. Enmantecar un molde rectangular de 20 x 30 cm. Colocar la preparación y cocinar a fuego muy suave (170°C) durante 1 hora. Retirar del horno y dejar enfriar. ◆ Batir la crema con el café y el azúcar a medio punto. ◆ Diluir la gelatina con el licor o agua, calentarla y dejarla entibiar; incorporarla a la crema y seguir batiendo hasta conseguir un punto bien firme. Cubrir la plancha de masa con una capa de crema de 1 cm de altura. Marcarla con un peine de repostería y dejar enfriar en heladera 1 hora. ◆ Luego cortar cuadrados de 3 x 3 cm y distribuir en pirotines. Decorar la superficie de cada masita con 3 avellanas.

> **Nota**: Si se trabaja en forma comercial es indispensable contar con las bandejas de los portamasitas. En cada plancha se pueden almacenar entre 60 y 80 unidades. Estos artefactos tienen guías donde se superponen hasta 10 bandejas. Tienen además, una tapa que permite que las masas no se sequen y facilitan la forma de transportar gran cantidad de masitas.

Masitas de plancha

35 A 40 UNIDADES

INGREDIENTES

Pionono de 4 huevos (véase pág. 258), 2
Crema pastelera (véase pág. 262), 1 taza
Crema pastelera al chocolate, 1 taza

Crema chantillí, 200g
Varios: Nueces, frutillas, pistachos, chocolate cobertura

◆ Extender una plancha de pionono, colocar a lo largo en un tercio de masa la crema pastelera, en otro tercio la crema de chocolate y en el último la crema chantillí. ◆ Colocar encima la otra plancha de pionono ajustar ligeramente y cortar en cuadraditos sin separarlas del todo. ◆ Decorar algunas masas con un copete de crema chantillí y frutillas, otras con crema y espolvorearlas con pistachos picados, otras cubrirlas con una capa de chocolate fundido y media nuez. ◆ Acomodar las masitas en pirotines.

Masas con chocolate y castañas de Cajú

24 UNIDADES

INGREDIENTES
Manteca, 200g
Azúcar, 200g
Huevos, 3
Castañas de Cajú, 200g
Fécula de maíz, 100g
Harina leudante, 100g
Pasas de Corinto, 50g
Ron, 2 cucharadas

CUBIERTA
Ron, 150cc
Chocolate cobertura, 300g
Crema de leche, 300g
Castañas de Cajú tostadas, 150g

◆ Batir la manteca con el azúcar a punto crema, agregar los huevos uno a uno batiendo cada vez. ◆ Añadir las castañas picadas mezcladas con la fécula y la harina, revolviendo suavemente. Finalmente incorporar las pasas remojadas en el ron. ◆ Tapizar una placa rectangular de 20 x 30 cm con papel manteca enmantecado y enharinado, verter la preparación. ◆ Cocinar en horno de 180° a 200°C 40 minutos. ◆ Retirar del horno, dejar enfriar y rociar con los 150cc de ron, dejar reposar 30 minutos. Filetear el chocolate y fundirlo a baño de María, dejarlo entibiar. ◆ Batir la crema a medio punto y sin dejar de batir agregar el chocolate y las castañas molidas a polvo. ◆ Cuando la crema esté bien firme, untar la superficie de la plancha. Cortar cuadraditos o rectángulos, distribuir en pirotines y decorar con un copete de la misma crema.

Nota: La preparación puede colocarse directamente en pirotines llenándolos hata las 3/4 partes y cocinar en horno de temperatura moderada durante 20 minutos. Decorar con la misma crema y una castaña.

Masitas especiadas

30 UNIDADES

INGREDIENTES

Manteca, 200g
Azúcar moreno, 200g
Huevos, 3
Harina, 150g
Polvo para hornear, 1 cucharadita
Almendras molidas, 50g
Nueces molidas, 50g
Esencia de almendras, 1 cucharadita
Canela en polvo, 2 cucharaditas
Clavo de olor molido, 1/2 cucharada
Ralladura de limón y naranja, 1 cucharada

◆ Batir la manteca con el azúcar hasta formar una crema, incorporar los huevos uno por uno. ◆ Tamizar la harina con el polvo para hornear y agregar por cucharadas junto con las almendras y las nueces al batido. ◆ Incorporar la esencia de almendras, la canela, el clavo de olor y la ralladura de limón y naranja. ◆ Distribuir la preparación en pirotines N° 6 llenándolos hasta las 3/4 partes. Colocarlos en una asadera sin que se toquen unos con otros. ◆ Cocinar a 175°C durante 30 minutos, verificar la cocción pinchándolos con un palillo. Retirar del horno y dejarlos enfriar. ◆ Decorarlos con un copete de crema básica de yemas y manteca (véase pág. 263), completar la decoración con almendras, cerezas o nueces mariposas. Si se desea, rociar con gotitas de ron.

Coquitos tiernos

24 UNIDADES

INGREDIENTES

Crema pastelera espesa, 500cc
Yemas, 2
Coco rallado, 2 tazas (tamaño té)
Cerezas al marrasquino, 12

◆ Preparar la crema pastelera de vainilla (pág. 262). ◆ Una vez fría, agregar la yema, mezclar e incorporar el coco en una sola vez, unir los ingredientes y poner la preparción en manga con boquilla rizada gruesa. ◆ Sobre una placa enmantecada y enharinada formar copos, espolvorearlos con coco y llevar a horno de temperatura moderada a alta durante 5 minutos aproximadamente, debe verse la superficie dorada. ◆ Retirar del horno y decorar con 1/2 cereza al marrasquino. ◆ Si se desea, pincelarlos con mermelada o miel.

Masitas Luciana de piñones

25 UNIDADES

INGREDIENTES

Harina, 200g
Manteca, 75g
Azúcar, 1 cucharada
Yema, 1

Miel, 6 cucharadas
Huevo, 1
Manteca, 50g
Piñones, 100g

◆ Cernir la harina. ◆ Batir la manteca con el azúcar, agregar la yema y la harina. Tomar la masa sin amasar. ◆ Cortar trocitos de masa y con ayuda de los dedos extenderla dentro de moldes de tarteleta de 4 cm de diámetro. ◆ Calentar la miel, retirar del fuego y mezclar con el huevo, la manteca y los piñones, distribuir dentro de las tarteletas. ◆ Cocinar en horno de temperatura moderada de 20 a 25 minutos. ◆ Dejar enfriar y desmoldar. Espolvorear con azúcar impalpable.

Minimillasas de chocolate

24 UNIDADES

INGREDIENTES

Discos de empanaditas de copetín, 24
Mermelada de naranja, 4 cucharadas
Bizcochos dulces molidos, 8 cucharadas
Nueces molidas, 50g

Ricota, 250g
Crema pastelera (véase pág. 262), 250g
Chocolate para taza, 3 barritas
Ralladura de naranja, 3 cucharadas

◆ Tapizar con los discos de masa moldes de tarteletas más bien profundos. ◆ Distribuir en el fondo la mermelada y espolvorear con los bizcochos y las nueces molidas. ◆ Mezclar la ricota con la crema pastelera, el chocolate rallado y la ralladura de naranja, colocar dentro de las tarteletas y cubrir con tiritas de la misma masa formando un enrejado. ◆ Cocinar en horno de temperatura moderada durante 25 minutos. ◆ Servir espolvoreadas con azúcar impalpable.

Petits fours de damascos

18 UNIDADES

INGREDIENTES

Orejones de damascos, 250g
Bizcochos dulces tipo Canale, 250g
Licor de damascos, 2 cucharadas

Cascarita rallada de naranja
Fécula, para espolvorear
Mermelada de damascos, 250g

◆ Procesar los orejones de damascos sin remojarlos previamente, perfumarlos con el licor y la ralladura y dejarlos en remojo 1 hora. ◆ Incorporarles lentamente los bizcochos molidos hasta formar una pasta compacta y maleable. ◆ Espolvorear la mesada con fécula y estirar sobre ella la masa hasta que alcance 1 cm de espesor. Dejar en reposo durante 1/2 hora y cortar medallones de 3 cm de diámetro. ◆ Armar pequeños alfajorcitos uniéndolos con la mermelada concentrada y pincelarlos con ella en caliente.

Petits fours rápidos

18 UNIDADES

INGREDIENTES

By biscuits, 200g
Cacao amargo, 1 cucharada colmada
Licor de café al coñac, 2 cucharadas

Dulce de leche pastelero,
1 cucharada colmada y para unirlos
Chocolate cobertura, para unir, 200g

◆ Desmenuzar a polvo los by biscuits, agregarles el cacao, perfumar con el licor y agregar esta preparación, de a poco al dulce de leche hasta lograr una masa compacta y tierna. ◆ Estirar la masa hasta que alcance 1 cm de espesor sobre la mesada previamente espolvoreada con fécula y cacao (esto hace que las tapitas resulten más secas), cortar medallones de 3 cm de diámetro y unirlos de a 2 con dulce de leche pastelero. ◆ Bañar con chocolate cobertura blanco o negro.

Petits fours de mazapán

30 UNIDADES

INGREDIENTES

Pasta de almendra, 250g
Azúcar, 100g
Yema, 1
Huevo, 1
Kirsch, 1 cucharada

Manteca, 50g
Harina leudante, 2 cucharadas
Fécula de maíz, 2 cucharadas
Chocolate cobertura, 150g
Almendras, 50g

◆ Batir o procesar la pasta de almendras con el azúcar, la yema, el huevo, el kirsch y la manteca derretida y fría. Por último agregar la harina y la fécula.
◆ Distribuir en moldecitos de tarteletas enmantecados y enharinados; cocinar en horno a temperatura moderada durante 35 minutos. ◆ Retirar, desmoldarlos y acomodarlos sobre una rejilla. ◆ Filetear el chocolate, fundirlo y bañar las masitas. Decorar con 1/2 almendra pelada y tostada.

Petits fours de coco

24 UNIDADES

INGREDIENTES

Coco rallado, 200g
Azúcar molido, 200g
Yemas, 4
Claras, 2

Harina, 1 cucharada
Esencia de vainilla, 1 cucharadita
Mermelada reducida y nueces picadas,
a gusto

◆ Mezclar el coco rallado con el azúcar molido. ◆ Agregar la yemas y las claras batidas a nieve y la harina: perfumar con la esencia de vaiilla. ◆ Tomar porciones con una cucharita y darles forma de esfera; acomodarlas en placas enmantecadas y enharinadas, algo alejadas unas de otras; cocinarlas en horno de temperatura moderada durante 25 minutos. ◆ Cuando estén cocidos pintarlos con mermelada reducida y espolvorearlos con nueces picadas. Acomodarlos en pirotines.

Petits fours Natalia de avellanas

25 A 30 UNIDADES

INGREDIENTES
Avellanas tostadas y molidas, 125g
Harina, 200g
Azúcar impalpable, 75g
Nuez moscada y cardamomo, a gusto
Manteca, 200g

◆ Mezclar el polvo de avellanas con la harina y el azúcar impalpable. Perfumar con una cucharadita de las especias y agregar la manteca a temperatura ambiente. ◆ Tomar la masa sin amasar, cortar pequeñas porciones y darles forma de esferitas aplanadas. Acomodar en una placa enmantecada y enharinada. ◆ Cocinar en horno de temperatura moderada de 15 a 20 minutos, deben quedar cocidas pero blancuzcas. ◆ Al retirar del horno espolvorear en caliente con azúcar impalpable.

Petits fours sin cocción

30 UNIDADES

INGREDIENTES
Amaretti molidos, 3 tazas
Manteca, 100g
Chocolate de taza, 4 barritas
Dulce de leche, 3 cucharadas
Nueces molidas, 1 taza

◆ Moler bien los *amaretti* hasta obtener un polvo. ◆ Derretir a fuego suave la manteca con el chocolate, retirar del fuego y agregar los *amaretti*, el dulce de leche, mezclar bien. ◆ Tomar pequeñas porciones, darles forma de esferitas, pasarlas por las nueces molidas y distribuir en pirotines. Mantener en heladera.

Minitarteletas de fruta

30 UNIDADES

INGREDIENTES

Harina, 250g
Azúcar, 2 cucharadas
Sal, 1 pizca
Manteca, 175g
Agua helada, cantidad necesaria
Crema pastelera (véase pág. 262), 1 taza
Dulce de leche pastelero, 200g
Crema chantillí, 200g
Varios: Frutillas, uvas, kiwis, ananá, frambuesas, cerezas al marrasquino, casquitos de naranja y de mandarina.
Gelatina sin sabor, 10g
Kirsch, a gusto

◆ Desmigar la harina con el azúcar, la sal y la manteca fría hasta obtener un arenado. ◆ Agregar el agua por cucharadas hasta que la masa esté apenas húmeda. Tomarla con las manos sin amasar y dejarla reposar tapada en la heladera por lo menos 1 hora. ◆ Extender la masa bien fina y con un cortapastas de 7 a 8 cm de diámetro cortar círculos. ◆ Tapizar moldes de tarteleta de 6 a 7 cm de diámetro, ajustar bien la masa a los moldes. Pinchar la base con un tenedor y cocinar en horno de temperatura moderada de 12 a 15 minutos, dejar enfriar y desmoldar. ◆ Rellenar las tartetetas con dulce de leche, crema pastelera o crema chantillí natural o al chocolate. ◆ Decorar con frutas enteras o fileteadas, medias nueces o almendras. Barnizarlas con la gelatina diluida en el kirsch. Si se desea, salsear con hilos de chocolate cobertura blanco o negro.

Barquillos de frutas

◆ Utilizar moldes de tartetetas en formas de barquillos alargados. Forrarlos con la masa, pincharles el fondo y untarlos con mermelada; cocinarlos de igual modo que a las minitarteletas. ◆ Rellenarlos con crema y cubrirlos con frutas combinando los sabores y colores.

Tarteletas de coco

30 UNIDADES

INGREDIENTES

Masa de tarteletas (véase minitarteletas de fruta pág. 172)
Coco rallado, 150g
Azúcar, 3 cucharadas
Huevos, 2
Leche condensada, 3 cucharadas

◆ Estirar la masa y tapizar los moldecitos para tarteletas. ◆ Mezclar el coco con el azúcar, los huevos y la leche condensada. ◆ Distribuir dentro de la masa y cocinar en horno de temperatura moderada de 20 a 25 minutos. ◆ Dejar enfriar, desmoldar y pincelar con mermelada reducida. Decorar con 1/2 nuez.

Mermelada reducida

◆ Colocar en un recipiente 5 cucharadas de mermelada de damasco, 4 cucharadas de azúcar y 4 cucharadas de agua. Hacer hervir unos minutos hasta obtener un punto parecido a una jalea.

> **Nota:** Para realizar tarteletas de chocolate, filetear y templar chocolate cobertura y distribuir por cucharadas dentro de pirotines de papel. Hacer deslizar el chocolate en su interior y volcar el excedente; dejar de 20 a 30 minutos en la heladera.
> Retirar el papel de los pirotines y rellenar con cremas, frutas o helado.

Tarteletas suizas de manzana

24 A 30 UNIDADES

INGREDIENTES

Harina, 250g
Almendras molidas, 125g
Azúcar, 60g
Sal, 1 pizca
Manteca, 125g

Yema, 1
Mermelada ácida, 6 cucharadas
Manzanas Rome, 4
Canela, 1 cucharadita
Jugo y ralladura de limón, a gusto

◆ Mezclar la harina con el polvo de almendras, el azúcar y la sal. ◆ Agregar la manteca y unirla al resto de ingredientes con un desmigador. ◆ Agregar la yema y 4 o 5 cucharadas de agua o leche, unir la masa y dejarla descansar tapada en heladera por lo menos 1 hora. ◆ Estirar las 3/4 partes de la masa, cortar medallones y tapizar moldes de tarteletas. ◆ Mezclar la mermelada con las manzanas peladas y ralladas con el rallador de verdura, la canela y jugo y ralladura de limón. Distribuir dentro de las tarteletas. ◆ Estirar el resto de masa, cortar medallones y distribuirlos sobre cada tarteleta. ◆ Cocinar en horno de temperatura moderada durante 25 minutos. Dejarlas enfriar, desmoldarlas y servirlas espolvoreadas con azúcar impalpable y canela.

> **Nota** Si desea forrar los moldes en serie debe proceder del siguiente modo: acomodar los moldes de tarteletas enmantecados y enharinados sobre la mesa o mesada bien próximos unos a otros. Estirar la masa hasta que alcance 3/4 cm de espesor, arrollarla en el palote y desenrrollarla sobre los moldecitos. Con un bollito de masa o de miga de pan hundir la masa en el fondo de cada moldecito y pasar el palote por encima para cortar la masa.

Capítulo 10

Mesa dulce

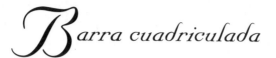

Barra cuadriculada

15 A 18 PORCIONES

INGREDIENTES
Piononos, 2
Chocolate cobertura, 200g

Relleno 1
Crema de leche, 500cc
Azúcar moreno, 5 cucharadas
Almendras, 100g
Cacao, 2 cucharadas

Relleno 2
Crema de leche, 500cc
Azúcar, 5 cucharadas
Pasas rubias, 200g
Ron, 1 copita
Gelatina sin sabor, 7g
Frutillas, 500g
Azúcar impalpable, 2 cucharadas

◆ Tapizar un molde barra con celuloide o papel metalizado, acomodar dentro uno de los piononos. ◆ Aparte cortar el otro pionono en cuatro tiras del largo del molde por 4 cm de ancho, pincelarlas con el chocolate cobertura diluido, dejar secar y reservar. ◆ Preparar el relleno 1 batiendo la crema con el azúcar moreno, las almendras procesadas y el cacao hasta que tome punto de chantillí bien firme. ◆ Para el relleno 2 batir la crema con el azúcar, cuando tome cuerpo incorporar las pasas maceradas en el ron y bien escurridas. En el mismo licor hidratar la gelatina y cocinarla sobre fuego revolviendo hasta calentar, dejarla entibiar y cuando tome punto de jarabe incorporar a la crema. ◆ Colocar la mitad de cada crema en el fondo del molde, una a la derecha y otra a la izquierda. ◆ Acomodar en el medio una tira de pionono separando las dos cremas. Con otras dos tiras cubrir cada una de las cremas. Acomodar en el medio una línea de frutillas enteras. ◆ Colocar nuevamente las dos cremas pero en forma inversa: si a la izquierda se dispuso el relleno 1, distribuir ahora el relleno 2, y viceversa. ◆ Cubrir todo con pionono, prensar bien, refrigerar y cuando esté bien firme desmoldar. ◆ Decorar con virutas de chocolate y frutillas enteras espolvoreadas con azúcar impalpable.

Cristal de mandarinas

10 A 12 PORCIONES

INGREDIENTES

Huevos, 4
Azúcar, 50g
Fécula de maíz, 6 cucharadas
Jugo de mandarinas, 1 litro
Crema de leche, 500cc
Azúcar, 5 cucharadas
Mandarinas, 6

Disco de bizcochuelo de vainilla (véase pág. 260), 1
Frutillas, 250g

CUBIERTA

Jugo de mandarina, 200cc
Gelatina sin sabor, 14g

◆ Batir los huevos con el azúcar, agregar la fécula alternando con el jugo de mandarinas, cocinar a fuego suave revolviendo con cuchara de madera hasta que tome consistencia. ◆ Dejar enfriar y mezclar con la crema batida con las 5 cucharadas de azúcar a punto chantillí. ◆ Colocar en el fondo de un molde desarmable el disco de bizcochuelo de 3 cm de alto. ◆ Alrededor de las paredes del molde colocar celuloide y sobre éste disponer en forma escalonada rodajas finas de mandarina cortadas con su cáscara. ◆ Llenar el interior del molde con la crema de mandarinas y llevar a heladera hasta que esté bien firme. ◆ Para realizar la cubierta diluir la gelatina sin sabor con el jugo de mandarinas, calentar sin que hierva y dejar entibiar hasta que tome punto de jarabe. ◆ Verter sobre la crema del relleno formando una capa transparente como cristal, dejar solidificar. ◆ Retirar el molde, acomodar la torta en una fuente y decorar alrededor de la torta con frutillas enteras y hojas de mandarina.

Esferas heladas de chocolate

8 PORCIONES

INGREDIENTES
Galletitas de chocolate, 3/4 kilo
Cointreau, 100cc
Crema de leche, 3/4 litro
Cacao dulce, 3 cucharadas
Cacao amargo, 3 cucharadas
Ralladura de 1 naranja
Nueces, 1 taza
Cerezas naturales, 150g

BAÑO
Chocolate de taza, 300g
Manteca, 2 cucharadas
Cointreau, 50cc
Crema de leche, 250cc

◆ Cortar la mitad de las galletitas en pequeños trozos y rociarlas con el licor, dejarlas reposar unos minutos. ◆ Moler el resto de galletitas con un palote hasta formar un polvo. ◆ Batir la crema de leche con el cacao dulce y el amargo, sin azúcar a punto chantillí. Mezclar las galletitas cortadas en trozos, la crema, las nueces molidas y el polvo de galletitas, unir todo lentamente y agregar la ralladura de naranja. Debe obtenerse una consistencia tierna pero firme. ◆ Tomar porciones del tamaño de una naranja y darles forma de esfera, llevar a heladera hasta que tomen consistencia. ◆ Para el baño derretir a baño de María el chocolate junto con la manteca y el licor, mezclar hasta obtener una salsa brillante y consistente, dividir en dos partes. Agregar a una de ellas la crema de leche sin batir, con esta crema napar 8 platos de postre. ◆ Colocar en un cartucho de papel parte de la salsa de chocolate restante y formar una espiral en cada plato. ◆ De esta forma se obtiene una espiral de salsa de chocolate oscuro sobre la salsa de chocolate más clara. ◆ Con un palillo o una *brochette* correr las líneas oscuras formando una tela de araña (véanse dibujos 1a y 1b). Acomodar sobre la tela de araña las esferas heladas, salsearlas con el resto de salsa de chocolate oscura, decorar con una cereza al natural.

Nota Variantes de telas de araña:
– Telaraña arco iris: sobre un coulis de frutilla, marcar con crema chantillí batida a medio punto semicírculos en los dos extremos del plato. Con ayuda de un palillo de brochette extender las líneas de crema desde afuera hacia adentro (véanse dibujos 2a y 2b).

– *Telaraña llave: sobre un fondo de la salsa deseada, marcar con otra crema 3 conjuntos de 2 líneas paralelas. Distanciar un conjunto del otro. Deslizar con un palito de* brochette *siguiendo las flechas (véanse dibujos 3a y 3b).*

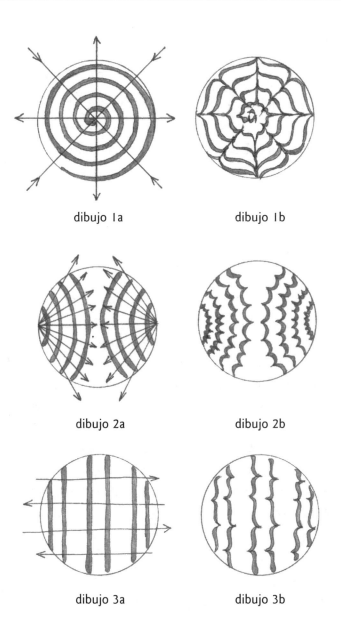

dibujo 1a   dibujo 1b

dibujo 2a   dibujo 2b

dibujo 3a   dibujo 3b

Barra helada de frutillas

15 PORCIONES

INGREDIENTES
Crema de leche, 750cc
Azúcar, 7 cucharadas
Frutillas, 500g
Gelatina, 7g
Licor de frutilla, 50cc
Pionono de 4 huevos (véase pág. 258), 1
Tapas de merengues, 6

BAÑO DE CHOCOLATE
Chocolate, 150g
Agua, 4 cucharadas
Ron, 2 cucharadas
Manteca, 1 cucharada

◆ Batir la crema con el azúcar a punto chantillí firme, mantener en heladera. Procesar la mitad de las frutillas. ◆ Hidratar la gelatina con el licor, calentarla y dejarla reposar, cuando esté tibia mezclarla con las frutillas procesadas. Cuando comience a tomar consistencia, mezclar con la mitad de la crema batida con movimientos suaves para mantener el volumen. ◆ Cubrir con celuloide el interior de una caja rectangular de telgopor (las de postre helado) de 30 x 12 cm. Colocar en su interior el pionono cubriendo los costados y el fondo del molde. ◆ Distribuir dentro una porción de crema chantillí, colocar, presionando sobre la crema, trozos gruesos de merengue partidos por la mitad, colocar el lado del corte sobre las paredes para formar buenos ángulos. ◆ Cubrir con crema de frutillas, colocar nuevamente crema chantillí, frutillas partidas al medio, crema de frutillas y por último el resto de crema chantillí mezclada con trocitos de merengue. ◆ Cubrir con pionono, prensar bien, colocar la tapa de la caja y mantener en congelador hasta el momento de utilizarlo. ◆ Para la salsa de chocolate, colocar los ingredientes en un bol a baño de María y mezclar hasta que se unan y la preparación quede bien brillosa. ◆ Desmoldar y bañarlo con la salsa de chocolate. Decorar la fuente con frutillas y hojas verdes.

Cheesecakes individuales de frambuesas

12 PORCIONES

INGREDIENTES
Gelatina sin sabor, 14g
Licor de durazno, 50cc
Yemas, 6
Azúcar, 250g
Frambuesas, 200g
Queso crema, 500g
Crema de leche, 500cc

COULIS
Duraznos, 500g
Kiwi, 500g
Frambuesas, 200g
Azúcar, 300g

◆ Hidratar la gelatina con el licor, calentar y dejar entibiar. ◆ Batir las yemas con el azúcar a baño de María hasta obtener punto cinta. ◆ Procesar la mitad de las frambuesas e incorporarlas al batido de yemas tibio junto con el queso crema. ◆ Incorporar la crema de leche batida a medio punto alternando con el resto de frambuesas enteras y la gelatina. ◆ Distribuir esta preparación en moldecitos individuales o en vasitos descartables de café, humedecidos con rocío vegetal de manteca. Colocar en heladera por lo menos 3 horas hasta que estén firmes. ◆ Reservar parte de duraznos, kiwis y frambuesas para decorar. ◆ Para realizar los tres *coulis* macerar cada fruta con 100g del azúcar. ◆ Dejar reposar y procesar hasta formar un jarabe. ◆ Desmoldar cada *cheesecake* en el centro de un plato de postre, salsear uno de los lados con *coulis* de kiwi, y el otro con *coulis* de durazno. ◆ Por último salsear el *cheesecake* con el *coulis* de frambuesa. Decorar con hojitas de menta, rodajas de durazno, de kiwi y frambuesas enteras.

Delicia de sabayón a la crema

18 A 20 PORCIONES

INGREDIENTES

Pionono rayado de 8 huevos (véase pág. 258), 1
Yemas, 10
Azúcar, 20 cucharadas
Fécula de maíz, 4 cucharadas
Vino oporto, 400cc
Gelatina
Crema de leche, 1 litro
Nueces molidas, 1/2 taza
Duraznos en almíbar, 1 lata

◆ Batir a baño de María las yemas con el azúcar hasta formar punto cinta, agregar la fécula diluida en 3/4 partes del vino y continuar batiendo hasta obtener una crema bien firme. ◆ Retirar del fuego y colocar el bol sobre hielo y seguir batiendo hasta que se enfríe. ◆ Aparte diluir la gelatina con el resto de oporto, calentarla y dejarla entibiar. ◆ Batir la crema sin azúcar a punto chantillí. ◆ Mezclar el sabayón con la gelatina alternando con 3/4 partes de la crema y las nueces molidas. Forrar las paredes y el fondo de un molde desarmable con celuloide y tapizar de la misma manera con el pionono rayado. ◆ Distribuir la crema chantillí reservada, cubrir con duraznos picados y sobre éstos colocar la crema sabayón, alisar la superficie y llevar a heladera por lo menos 3 horas. ◆ Desmoldar y espolvorear con azúcar impalpable y cacao.

Dulzura de menta y limón

8 PORCIONES

INGREDIENTES

Jugo de limón, 250cc
Gelatina sin sabor, 14g
Claras, 6
Azúcar, 2 cucharadas
Crema de leche, 250cc
Ralladura de cáscara de limón, 2 cucharadas
Esencia de vainilla, a gusto
VARIOS: Ramitas de menta, rodajitas de limón y caramelo líquido

◆ Hidratar la gelatina con el jugo de limón, colocar sobre fuego sin que hierva, retirar y dejar entibiar. ◆ Aparte batir las claras con el azúcar a baño de María hasta formar un merengue bien consistente. ◆ Batir la crema de leche, hasta que esté bien firme. ◆ Mezclar el merengue con la gelatina, incorporar la ralladura de limón, perfumar con esencia de vainilla, agregar por último la crema batida revolviendo suavemente. ◆ Colocar la preparación en una budinera previamente humedecida con agua o en copas. ◆ Salsear con caramelo líquido y adornar con ramitas de menta y rodajitas muy finas de limón.

Gâteau merengado de limón

8 PORCIONES

INGREDIENTES

Gelatina sin sabor, 25g
Agua, 300cc
Azúcar, 250g
Sal, 1 pizca
Fécula de maíz, 60g
Limón, 1
Esencia de limón, 1 cucharadita
Claras, 7
Pionono de chocolate, 1 (véase pág. 258)

◆ Mezclar la gelatina con el agua, 125 g de azúcar, la sal, la fécula y el jugo y ralladura de limón; colocar esta mezcla sobre fuego revolviendo hasta que rompa el hervor. ◆ Retirar, colorear con unas gotas de colorante amarillo y perfumar con esencia de limón. ◆ Batir las claras a punto nieve y agregarle los 125 g de azúcar restante en forma de lluvia. Continuar batiendo un poquito más y unir suavemente con la mezcla anterior. ◆ Verter en un molde rectangular, dejar solidificar en heladera y cubrir con el pionono de chocolate. ◆ Desmoldar y decorar con crema chantillí puesta en manga con boquilla rizada.

Flan Paulina de nuez

10 PORCIONES

INGREDIENTES

Huevos, 5
Yemas, 2
Azúcar, 200g
Leche, 750cc

Bizcochos tipo Canale molidos, 1 taza
Nueces molidas, 100g
Esencia de vainilla, 2 cucharaditas
Azúcar para el caramelo, 120g

◆ Batir los huevos, las yemas y el azúcar, agregar la leche, los bizcochos molidos y las nueces, perfumar con la esencia. ◆ Verter en budinera acaramelada y cocinar a baño de María en horno de temperatura moderada durante 55 a 60 minutos. ◆ Dejar enfriar y desmoldar.

Nota: Este flan al cocinarse se separa en tres partes, por densidad: el flan con bizcochos, el flan con nueces y el flan solo.

Flan de dulce de leche

10 PORCIONES

INGREDIENTES

Huevos, 7
Leche, 750cc
Azúcar, 200g

Dulce de leche, 250g
Azúcar para el caramelo, 100g

◆ Batir los huevos, la leche, el azúcar y el dulce de leche. ◆ Acaramelar una budinera, verter en ella la preparación y cocinar a baño de María en horno de temperaura moderada durante 55 minutos. ◆ Verificar la cocción, dejar enfriar y despúes desmoldarlo.

Iglú de dulce de leche

12 A 15 PORCIONES

INGREDIENTES
Bizcochuelo de chocolate
(véase pág. 260), 1

RELLENO 1
Manteca, 200g
Azúcar moreno, 200g
Dulce de leche pastelero, 200g
Licor de dulce de leche, 100cc

RELLENO 2
Crema de leche, 750cc
Polvo de flan de dulce de leche,
7 cucharadas

◆ Realizar el bizcochuelo de chocolate con el doble de ingredientes que indica la receta básica. ◆ Cocinar la preparación en un bol de 30 cm de diámetro enmantecado y enharinado en horno suave de 50 a 55 minutos. La cocción en este tipo de moldes lleva más tiempo que en los moldes planos. ◆ Dejar enfriar, desmoldarlo y retirar la tapa superior. Acomodarlo nuevamente dentro del bol para que no se deforme y ahuecarlo con una cuchara. ◆ Batir la manteca con el azúcar moreno, añadir el dulce de leche mezclando suavemente. Cubrir con esta crema las paredes interiores del bizcochuelo, distribuir alguna de las migas que se habían retirado, rociarlas con el licor. ◆ Batir la crema de leche con el polvo de flan a punto chantillí, colocar dentro de la torta, tapar con la capa de bizcochuelo reservado y prensar muy bien. Llevar a heladera por lo menos 2 horas. ◆ Desmoldar y bañar con salsa de dulce de leche y espolvorear con virutas de chocolate cobertura.

Salsa de dulce de leche

◆ Diluir 7g de gelatina sin sabor en 150cc de licor de dulce de leche, colocar sobre fuego revolviendo hasta calentar. En caliente mezclar con 250g de dulce de leche y cuando comience a tomar punto sostenido verter sobre la torta.

Virutas de chocolate

◆ Para realizar las virutas de chocolate raspar con un pelapapas el chocolate cobertura a temperatura ambiente.

Isla flotante Laura

12 A 14 PORCIONES

INGREDIENTES
Claras, 10
Azúcar, 11 cucharadas

PARA EL CARAMELO
Azúcar, 175g

◆ Batir las claras hasta que estén espumosas, agregar el azúcar por cucharadas en forma de lluvia, siempre batiendo. No incorporar la segunda cucharada de azúcar hasta haber integrado bien la primera, continuar añadiendo azúcar de la misma manera. Debe obtenerse un merengue bien firme. ◆ Para el caramelo colocar el azúcar sobre fuego bajo, mezclar con cuchara de madera hasta obtener un caramelo claro. ◆ Verter en un molde de 24 a 26 cm de diámetro, hacerlo deslizar por las paredes y el fondo del molde. Colocar la preparación de claras por cucharadas ajustando ligeramente, al terminar de llenar el molde, golpearlo para evitar que queden burbujas en el merengue. Cocinar en horno de temperatura moderada a baño de María durante 1 hora y 45 minutos, dejar enfriar y desmoldar. ◆ Servir con sabayón (véase pág. 268).

Nota: La isla, durante la cocción, levanta 7 u 8 cm del borde del molde; al enfriarse, baja al ras.

Los merenguitos de Claudia María

35 A 40 UNIDADES

INGREDIENTES

Azúcar, 330g
Claras, 4
Azúcar impalpable, 120g

◆ Colocar el azúcar en un recipiente, cubrir con agua y hacer hervir hasta que tome punto de bolita, es decir, cuando colocando almíbar en agua fría se forme una bolita maleable. ◆ Verter entonces lentamente sobre las claras batidas a nieve. Seguir batiendo hasta que se enfríe, agregar el azúcar impalpable cernida revolviendo suavemente con batidor o espátula en forma envolvente. ◆ Colocar en manga con boquilla rizada o lisa. ◆ Tapizar una tabla de madera con papel blanco, humedecerlo con agua y formar los merenguitos. ◆ Cocinar en horno suave durante 45 minutos. ◆ Retirarlos del horno, despegarlos del papel y unirlos de a dos colocando en el centro un trozo de nuez, 1 cereza o frutilla.

> **Notas**
> Estos merengues tienen la particularidad de ser crocantes por fuera y húmedos y blandos en su interior.
> Siguiendo las mismas instrucciones de la receta, con la manga se pueden trazar bastoncillos o conchillas y utilizar como masitas o adornos para decorar bordes de tortas o postres.

Marmolada imperial

30 PORCIONES

INGREDIENTES

CREMA MARMOLADA
Crema pastelera de chocolate (véase pág. 262), 1 litro
Crema de leche, 500cc
Azúcar, 5 cucharadas
Pionono de chocolate (véase pág. 258), 4 discos de 28 cm de diámetro

Crema de leche, 500cc
Azúcar, 5 cucharadas
Cacao amargo, 5 cucharaditas
Chocolate cobertura, 150g
Merenguitos de chocolate, 250g
Azúcar impalpable, 3 cucharadas

◆ Preparar la crema pastelera de chocolate y dejarla enfriar. ◆ Batir la crema de leche con el azúcar a punto chantillí. ◆ Mezclar las dos preparaciones, que deben estar bien frías, con movimientos envolventes para lograr un efecto marmolado. ◆ Tapizar las paredes de un molde desarmable, el fondo y los rebordes, con acetato. ◆ Colocar en el fondo un disco de pionono, distribuir la mitad de la crema marmolada y tapar con otro disco de pionono. ◆ Aparte batir el otro 1/2 litro de crema con el azúcar, agregar el cacao amargo, el chocolate cobertura cortado en trocitos y los merenguitos de chocolate enteros, colocar dentro del molde. ◆ Cubrir con otro disco de pionono, agregar el resto de crema marmolada y tapar con el último disco de pionono, ajustar bien y llevar a freezer por lo menos 2 horas. ◆ Desmoldar y servir espolvoreada con azúcar impalpable.

Marquise de chocolate

8 A 10 PORCIONES

INGREDIENTES
Manteca, 300g
Chocolate de taza, 400g
Huevos, 8
Azúcar, 300g
Harina, 2 cucharadas
Varios: Crema chantillí, frutillas, nueces, almendras, cerezas y frambuesas.

◆ Derretir la manteca con el chocolate a fuego muy bajo, dejar enfriar. ◆ Aparte batir las yemas con la mitad del azúcar hasta que estén bien espumosas. ◆ Batir también las claras con el resto de azúcar hasta obtener punto nieve. ◆ Mezclar el chocolate con las yemas, agregar el merengue de claras, cernir sobre la preparación la harina, mezclar suavemente y en forma envolvente. ◆ Enmantecar ligeramente un molde y tapizarlo totalmente con papel encerado. ◆ Colocar dentro del molde la preparación y cocinar en horno de temperatura moderada durante 40 minutos, dejar enfriar, desmoldar y despegar el papel. ◆ Decorar con crema chantillí y las frutas.

Torta Dolly

10 PORCIONES

INGREDIENTES
Manteca, 100g
Azúcar, 50g
Dulce de leche, 100g
Huevos, 4
Harina leudante, 100g
Amaretti molidos, 1 taza
Café concentrado, 1 pocillo
Esencia de vainilla, 1 cucharadita
Varios: almíbar, merengue suizo, láminas de chocolate

◆ Batir la manteca con el azúcar y el dulce de leche hasta obtener una crema. Agregar las yemas una a una. ◆ Mezclar la harina con los *amaretti* molidos. Incorporar los ingredientes secos al batido alternando con el café concentrado y las claras batidas a nieve. ◆ Perfumar con la esencia de vainilla. ◆ Verter en molde bajo enmantecado y enharinado. Cocinar en horno de temperatura moderada de 25 a 30 minutos. ◆ Bañar con almíbar perfumado con café y decorar con merengue suizo y láminas de chocolate.

Mesa dulce | 189

Mousse de limón

10 PORCIONES

INGREDIENTES

Huevos, 4
Azúcar, 250g
Limones, 4
Gelatina sin sabor, 7g

Crema de leche, 250g
VARIOS: Tapas de merengue, chocolate de taza

◆ Separar las yemas de las claras. ◆ Batir las yemas en batidora con la mitad del azúcar. ◆ Diluir en el jugo de limón la gelatina, colocar sobre fuego revolviendo con cuchara de madera, verter sobre las yemas y agregar 2 cucharadas de ralladura de piel de limón. ◆ Batir las claras hasta que estén espumosas, agregar el resto de azúcar y seguir batiendo hasta punto nieve. ◆ Batir la crema hasta punto casi chantillí, incorporarla a la preparación con yemas, agregar por último el merengue revolviendo en forma envolvente con batidor. ◆ Colocar en una compotera o recipiente que se pueda llevar a la mesa. ◆ Triturar 8 a 10 tapas de merengues, distribuirlos sobre la *mousse*, derretir el chocolate y formar hilos sobre la cubierta. Llevar a heladera.

> **Nota** Esta mousse tiene poca gelatina; si se desea desmoldar, utilizar 21g de gelatina en lugar de 7g. En este caso colocar la preparación en un molde de budín inglés de 25 cm en lugar de la compotera. Desmoldar y servir bañado con partes iguales de mermelada de frutillas mezclada con crema de leche ligeramente batida.

Pastel de almendras Mamá Rosa

33 PORCIONES

INGREDIENTES
Huevos, 16
Azúcar, 16 cucharadas
Harina leudante, 10 cucharadas
Almendras molidas, 6 cucharadas
Leche en polvo, 3 cucharadas

RELLENO
Leche en polvo, 4 cucharadas
Crema de leche, 1 litro
Almendras, 200g
Azúcar, 6 cucharadas

◆ Batir los huevos con el azúcar hasta que dupliquen su volumen, agregar la harina tamizada con la leche en polvo, alternando con las almendras molidas. ◆ Cocinar en 5 placas tapizadas con papel manteca enmantecado y enharinado a horno caliente durante 7 minutos. Retirar del horno y dejar enfriar. ◆ Hidratar la leche en polvo con la crema, agregar las almendras tostadas y molidas y dejar reposar 10 minutos, agregar el azúcar y batir hasta obtener punto chantillí bien firme. ◆ Superponer los piononos untándolos con la crema de almendras sobre una de las placas de cocción, presionar la superficie y llevar a heladera por lo menos 2 horas. ◆ Recortar los bordes con cuchillo eléctrico, untar los costados con la misma crema y adherirle crocante de almendras o praliné. ◆ Invertir la torta sobre una fuente, retirar la placa y bañar en forma despareja con la salsa de chocolate.

Salsa de chocolate

◆ Colocar en un bol 300g de chocolate cortado en trozos. Agregar 2 cucharadas de agua, 100cc de licor de café y 100g de manteca. Fundir a baño de María, cuando esté suave y brillante, dejar entibiar. Esta cubierta se puede preparar y mantener en frascos en la heladera, al utilizarla colocar nuevamente a baño de María.

Polonesa de frutillas y almendras

10 PORCIONES

INGREDIENTES

Claras, 1 taza tamaño desayuno
Azúcar, 2 tazas tamaño desayuno
Fécula de maíz,
1 cucharadita bien colmada

RELLENO
Crema chantillí, 750g
Frutillas, 500g
Almendras, 100g

◆ Batir las claras hasta que estén espumosas, agregar en forma de lluvia 1 taza de azúcar, seguir batiendo y añadir la otra taza de azúcar mezclada con la fécula de maíz. Batir hasta obtener un merengue bien firme. ◆ Colocar la preparación en manga con boquilla rizada y sobre placas forradas con papel manteca enmantecado y enharinado trazar 3 espirales colocando una línea bien junto a la otra hasta darle el diámetro deseado. ◆ Cocinar en horno muy suave hasta que estén bien secos, dejarlos enfriar en el horno y despegar el papel. ◆ Para armar la polonesa colocar un disco de merengue sobre una fuente, distribuir parte de la crema y frutillas fileteadas, cubrir con otro disco de merengue, nuevamente crema y frutillas. ◆ Tapar con el último disco de merengue y decorar con el resto de crema, algunas frutillas enteras y salpicar con las almendras fileteadas y tostadas.

Almendras fileteadas

◆ Sumergir las almendras en agua caliente, quitarles la piel oscura que las recubre, abrirlas por la mitad y colocarlas sobre una placa en horno de temperatura moderada, moverlas de vez en cuando hasta que estén doradas.

Torre de pizzas *(pág. 121)*

Leche merengada *(pág. 134)*

1. Torta "El payaso" *(pág. 220)*
2. *Marshmallows* *(pág. 151)*
3. Manzanas al caramelo con pochoclo *(pág. 154)*
4. Mantecados de 3 gustos *(pág. 144)*
5. Alfajores de maicena *(pág. 141)*
6. *Chips* sorpresa con salchichas *(pág. 137)*
7. Sandwiches de miga simples *(pág. 50)*
8. *Chips* para los más chiquitos *(pág. 136)*

1. **Barra cuadriculada** *(pág. 176)*
2. **Minitarteletas de frutas** *(pág. 172)*
3. **Barquillos de frutas** *(pág. 172)*
4. **Cristal de mandarinas** *(pág. 177)*
5. *Petits fours* **de damascos** *(pág. 169)*
6. *Petits fours* **rápidos** *(pág. 169)*
7. **Coquitos tiernos** *(pág. 167)*
8. *Petits fours* **de mazapán** *(pág. 170)*

Torta para bodas de plata *(pág. 213)*

Torta de comunión para nena *(pág. 216)*

Cascada de ave, jamón y pionono (pág. 242)

Lechoncito de gala *(pág. 238)*

La canasta de arroz con rosas de jamón de tía Isidora *(pág. 243)*

Postre Chajá

12 PORCIONES

INGREDIENTES

Bizcochuelo de 6 huevos (véase pág. 260), 1
Almíbar de duraznos, 1 taza
Licor dulce, 3 cucharadas
Duraznos en almíbar, 1 lata
Crema de leche, 500cc
Azúcar, 5 cucharadas
Esencia de vainilla, cantidad necesaria
Tapas de merengues grandes, 12
Cerezas al marrasquino, 12

◆ Preparar el bizcochuelo de vainilla siguiendo las indicaciones de la pág. 260 y cocinarlo en una asadera rectangular de 25 x 35 cm previamente tapizada con papel enmantecado y enharinado. ◆ Después de cocido el bizcochuelo debe alcanzar una altura de 3 cm. Con un cortapasta de 7cm de diámetro cortar medallones. ◆ Colocar cada medallón sobre un plato y rociarlo ligeramente con el almíbar mezclado con el licor. ◆ Distribuir sobre cada medallón duraznos cortados en trozos y bien escurridos. ◆ Batir la crema con el azúcar y la esencia a punto chantillí bien firme, colocar en una manga con pico liso y bordear los duraznos de abajo hacia arriba en espiral formando un cono. ◆ Colocar en heladera por lo menos 2 horas. Romper los merengues en trozos pequeños y adherirlos al cono de crema dándole forma de esfera, coronar cada uno con una cereza.

Nota Este postre es un clásico de la repostería uruguaya.

Profiteroles con salsa inglesa de naranja

6 A 8 PORCIONES

Ingredientes

MASA BOMBA
Agua, 1 pocillo de los de té
Manteca, 40g
Harina 0000, 3/4 pocillo de los de té
Sal, 1 pizca
Huevos, 3

SALSA INGLESA
Yemas, 6

Azúcar, 200g
Leche, 500cc
Ralladura y jugo de naranja, a gusto
Esencia de vainilla, 2 cucharaditas

VARIOS
Caramelo, 1 taza
Nueces o avellanas tostadas

◆ Colocar sobre fuego el agua con la manteca y la sal, cuando rompa el hervor agregar de golpe la harina y cocinar a fuego suave revolviendo con cuchara de madera hasta que se despegue del fondo. Retirar del fuego y dejar entibiar. ◆ Agregar los huevos uno a uno batiendo muy bien después de cada integración. Al incorporar los huevos, la preparación parece disgregarse pero al batir se vuelve a unir y se forma una masa lisa y suave. ◆ Colocar la preparación en manga con boquilla lisa y sobre una placa enmantecada y enharinada formar pequeñas bombitas de 1/2 cm de diámetro. ◆ Cocinarlas en horno caliente 8 minutos, bajar la temperatura del horno y proseguir la cocción para secar las bombas en horno muy suave 10 a 12 minutos más. ◆ Para preparar la salsa inglesa batir las yemas con el azúcar; aparte hervir la leche, filtrarla y agregarla lentamente a las yemas. ◆ Incorporar 1 cucharada de ralladura de piel de naranja y el jugo de una naranja, cocinar a fuego lento revolviendo con cuchara de madera hasta que la preparación nape la cuchara. ◆ No dejar hervir porque esta crema se corta. Perfumar con la esencia. ◆ Colocar la salsa en un bol. Distribuir los profiteroles en una fuente y salsearlos con caramelo o salsa de chocolate. Se pueden espolvorear con nueces o avellanas tostadas.

Sacher torte

8 A 10 PORCIONES

INGREDIENTES

Manteca, 200g
Azúcar impalpable, 200g
Chocolate de taza, 4 barritas
Huevos, 5
Ralladura de limón, 1 cucharadita
Canela, 1 cucharadita

Jengibre, 1/2 cucharadita
Pan rallado, 1 taza más 4 cucharadas
Harina, 4 cucharadas
Polvo para hornear,
1 cucharadita colmada
Bicarbonato, 1/4 de cucharadita

◆ Batir la manteca a temperatura ambiente con el azúcar hasta obtener una crema, agregar el chocolate fundido. ◆ Separar las yemas de las claras. Incorporar a la mezcla de manteca y azúcar las yemas una a una batiendo cada vez. ◆ Perfumar con la ralladura, la canela y el jengibre. ◆ Cernir el pan rallado con la harina, el polvo para hornear y el bicarbonato, agregar al batido alternando con las claras batidas a nieve. ◆ Colocar en un molde de 20 a 22 cm de diámetro enmantecado y enharinado. Para no tener problemas al desmoldar es conveniente tapizar la base del molde con papel manteca. ◆ Cocinar en horno de temperatura moderada durante 45 minutos, verificar la cocción, dejar pasar el calor fuerte y desmoldar. Bañar con salsa de chocolate.

Salsa de chocolate

◆ Mezclar 4 cucharadas de cacao con 4 cucharadas de azúcar impalpable, agregar pequeñas cantidades de agua hirviendo, mezclar con cuchara de madera y dar brillo con 25g de manteca.

Sorpresa helada de café y chocolate

8 UNIDADES

Ingredientes

Chocolate cobertura, 400g
Crema de leche, 400g
Café instantáneo, 2 cucharaditas
Helado del sabor deseado, 1 kilo
Crema inglesa (véase pág. 194), cantidad necesaria
Almendras fileteadas, 100g
Nueces, 100g

◆ Filetear el chocolate cobertura. ◆ Calentar la crema a baño de María a punto de hervor, retirarla del fuego y agregar los trocitos de chocolate revolviendo continuamente con cuchara de madera hasta que se forme una crema homogénea. ◆ Dejar reposar unos minutos y perfumar con el café en polvo. ◆ Colocar la preparación en un bol sobre un recipiente con hielo; revolver hasta obtener una pasta compacta y maleable. ◆ Tapizar compoteras individuales con papel aluminio o microfilm. ◆ Cortar trozos de la pasta de chocolate, distribuirlos dentro de las compoteras y con ayuda de los dedos, extenderlos hasta tapizar todo el interior. ◆ Colocar helado en cada compotera, prensar bien y cubrir con una capa delgada de pasta de chocolate, extendida previamente sobre la mesada. Para realizar más fácilmente esta operación espolvorearse las manos con fécula de maíz. ◆ Dejar enfriar en el freezer de 3 a 4 horas. Desmoldar cada uno sobre platos de postre napados previamente con crema inglesa sin el agregado del jugo y la ralladura de naranja (véase pág. 194), espolvorear con nueces y almendras fileteadas.

> **Nota:** Este postre se puede rellenar con varios gustos de helado y acompañarlo con frutas que combinen con el helado elegido.

Tentación tropical

12 PORCIONES

INGREDIENTES

Bananas, 6	Azúcar, 250g
Ananá, 6 rodajas	Manteca, 100g
Melón, 1	Ron, 250cc
Papaya, 3	Helado de vainilla, 1 kilo
Mango, 3	Salsa caramelo,
Jugo de 2 limones	cantidad necesaria

◆ Pelar las frutas. Cortar las bananas, el ananá y el mango en cubos. ◆ La pulpa del melón y la papaya tornearlas con la cuchara de papas *noisette* formando esferitas. ◆ Mezclar todas las frutas, rociarlas con el jugo de limón y espolvorear con el azúcar. ◆ Dejarlas reposar por lo menos dos horas hasta que se forme un jarabe frutado. ◆ En una sartén amplia fundir la manteca, agregar la fruta escurrida y cocinarla 2 minutos a fuego fuerte, rociar con el ron y flambearla. ◆ Al apagarse incorporar el jugo de la maceración de las frutas, cocinar 2 minutos más. Retirar del fuego y dejar enfriar en heladera. ◆ Servir en copas pomeleras, colocar sobre las frutas una bocha del helado y salsear con la salsa de caramelo.

Salsa caramelo

◆ Colocar 400g de azúcar sobre fuego mínimo, revolviendo de vez en cuando con cuchara de madera hasta formar un caramelo no demasiado oscuro. Siempre sobre el fuego, verter pequeños chorritos de agua hirviendo, revolviendo hasta que el caramelo se ablande y forme una salsa. ◆ Dejar enfriar. Se puede guardar en frasco cerrado en la heladera.

Tiramisú

10 PORCIONES

INGREDIENTES

Discos de pionono de chocolate (véase pág. 258), 2
Yemas, 6
Azúcar, 200g
Queso Mascarpone, 400g

Crema de leche, 250g
Licor Amaretto, 1/2 copita
Café azucarado, 1/2 taza
Cacao amargo, 2 cucharadas

◆ Batir las yemas. ◆ Cubrir el azúcar con 100cc de agua y hacer hervir a punto de hilo fuerte, bien sostenido (110°C). Verter sobre las yemas, seguir batiendo hasta entibiarlo. Agregar el queso y la crema batida a punto sostenido. ◆ Acomodar un disco de arrollado en una fuente. Perfumar el café con el Amaretto. Humedecer el disco de pionono, colocar la crema Tiramisú y cubrir con el otro disco. ◆ Rociar con el café, espolvorear con el cacao y mantener en heladera. ◆ Servir cortado en porciones, bien frío, con salsa de chocolate caliente (véase pág. 180).

Peras al vino tinto

6 PORCIONES

INGREDIENTES

Peras, 6
Azúcar, 250g
Vino tinto, 600cc

Clavo de olor, 2
Canela en rama, 1 trozo
Pimienta de Cayena, 1 cucharadita

◆ Pelar las peras, partirlas por la mitad, quitarles los centros y las semillas.
◆ Colocarlas en un recipiente con el azúcar, el vino, los clavos, la canela y la pimienta. ◆ Cocinar hasta que las peras estén tiernas, retirarlas y acomodarlas en una fuente profunda, continuar la cocción del almíbar de vino hasta obtener un almíbar con punto jarabe. Verter sobre las peras. ◆ Dejar reposar, con preferencia de un día para otro. Servirlas con crema batida.

Tocinos del cielo

40 UNIDADES

INGREDIENTES

Azúcar, 250g
Agua, 75cc
Yemas, 12

Esencia de vainilla, 1 cucharada
Varios: Glucosa o caramelo líquido

◆ Mezclar el azúcar con el agua, dejar reposar 2 minutos y cocinar a fuego fuerte hasta obtener punto de hilo flojo, es decir, cuando al tomar un poquito de almíbar entre dos dedos y separarlos se forme un hilo que se rompa. Batir ligeramente las yemas y agregarle el almíbar caliente sin dejar de revolver, perfumar con la esencia. ◆ Untar con glucosa pequeños moldecitos (tipo huevo quimbo) o acaramelarlos. Colocar la preparación por cucharadas y acomodarlos en una asadera con una base de agua caliente. ◆ Cocinar en horno de temperatura moderada (160°C) durante 30 minutos. ◆ Para que no se seque la superficie, taparlos en la mitad de la cocción con papel aluminio. Cuando estén cocidos, dejar enfriar y desmoldarlos en pirotines. Se pueden decorar con un copete de merengue cocido y 1/2 cereza.

Nota: Esta preparación se puede cocinar en un molde rectangular de 20 x 30 cm untado con glucosa. Enfriar, desmoldar y cortar en cuadraditos de 3 x 3 cm, acomodar en pirotines N° 6.

Torta crocante nougat

18 A 20 PORCIONES

INGREDIENTES
Pionono de chocolate,
4 discos de 26 cm
Chocolate de taza, 300g
Licor dulce, 3 cucharadas
Almendras, 200g
Nueces, 200g
Amaretti, 100g

RELLENO
Crema de leche, 1 litro
Azúcar, 10 cucharadas
Dulce de leche pastelero, 1/2 kilo
Cacao amargo, 3 cucharadas
Nueces molidas, 100g

PARA DECORAR
Frutillas, 250g
Hojas de chocolate, cantidad necesaria

◆ Pintar los discos de pionono (véase pág. 258) con el chocolate derretido a baño de María y perfumado con el licor. Cubrir cada disco pintado con las nueces, las almendras y los *amaretti* picados gruesos, para que se peguen al chocolate formando un disco crocante, mantener en heladera. ◆ Para el armado colocar un disco sobre el plato de presentación. ◆ Aparte batir la crema con el azúcar hasta obtener punto chantillí firme, dividirla en tres partes. ◆ Mezclar una parte con el dulce de leche dándole un efecto marmolado. ◆ Añadir a otra porción de crema chantillí las nueces molidas, el resto de crema mezclarlo con el cacao amargo. ◆ Colocar sobre el primer disco la crema marmolada con dulce de leche, tapar con otro disco y cubrir con la crema de nueces. ◆ Colocar encima otro medallón crocante y disponer sobre él la crema con el chocolate amargo. Colocar por último el cuarto disco de chocolate crocante, presionar levemente y llevar a heladera por lo menos 1 hora. ◆ Distribuir alrededor del plato frutas rojas, frutillas o cerezas, para decorar y acompañarlas con hojas de chocolate (véase pág. 246).

Torta dulce Julieta

30 PORCIONES

INGREDIENTES

Pionono de chocolate de 4 huevos (véase pág. 258), 3
Dulce de leche pastelero, 3/4 kilo
Crema de leche, 3/4 litro
Esencia de vainilla, a gusto
Azúcar, 3 cucharadas
Cerezas al marrasquino, 30

◆ Preparar los piononos y cocinarlos en una placa de 30 x 40 cm. Cortar cada uno en dos tiras de 15 x 40 cm. ◆ Retirar el papel, untar con dulce de leche la parte de la que se retiró el papel. ◆ Batir 3/4 partes de la crema con la esencia, pero sin azúcar, distribuir esta crema sobre las tiras de pionono untadas con dulce de leche. ◆ Arrollar cada tira a lo largo hasta formar cilindros de 40 cm de largo. Envolverlos bien apretados con papel aluminio y llevar a heladera por lo menos 2 horas. ◆ Fraccionar cada cilindro en 5 partes de 8 cm cada una, en total se obtienen 30 cilindros pequeños. ◆ Tapizar con acetato un molde desarmable de 32 cm de diámetro, sin ajustar la traba del molde, acomodar los cilindros en forma vertical desde las paredes hacia el centro, ajustando bien uno con otro. ◆ Cerrar el gancho del molde para que se prensen bien y llevar a heladera 2 horas. Desmoldar y bordear la torta con una cinta para que la contenga, decorar con un moño. Batir el resto de crema con el azúcar a punto chantillí, colocarla en manga con boquilla de hoja, decorar cada cilindro con 2 hojas de crema y una cereza.

Nota Esta torta se distingue porque al estar compuesta por cilindros individuales, se puede servir sin necesidad de cortarla.

Torta helada de ricota y nuez

15 A 18 PORCIONES

INGREDIENTES

Ricota, 1 kilo
Crema de leche, 250g
Azúcar, 14 cucharadas
Claras, 3
Gelatina sin sabor, 14g

Licor de durazno, 1 pocillo
Nueces, 150g
Duraznos, 1 lata
Pionono (véase pág. 258),
2 discos de 26 cm de diámetro

◆ Pasar la ricota por un tamiz para mejorar su textura. Batir la crema con 5 cucharadas del azúcar a punto chantillí bien firme. ◆ Aparte batir las claras con el resto de azúcar a baño de María hasta obtener un merengue bien firme. ◆ Hidratar la gelatina con el licor y calentarlo sin que hierva, dejar enfriar hasta que tome punto jarabe. ◆ Mezclar la ricota en forma alternada con el merengue y la gelatina. ◆ Incorporar por último la crema con movimientos envolventes junto con la mitad de las nueces molidas. Dejar reposar unos minutos en heladera. ◆ Tapizar con celuloide o papel film el fondo y las paredes de un molde desarmable, acomodar un disco de pionono en el fondo. ◆ Verter la mitad de la preparación de ricota, distribuir trozos de duraznos en el reborde del molde pegados al celuloide alternando con medias nueces. ◆ El resto de los duraznos cortarlos en dados y distribuirlos sobre la crema, cubrir con el resto de crema de ricota. ◆ Golpear suavemente el molde para que decante la preparación, cubrir con otro disco de pionono, prensar ligeramente y llevar a la heladera hasta que esté bien firme. Desmoldar y decorar la superficie con virutas de chocolate blanco y casquitos de durazno.

 Se puede acompañar con coulis de duraznos; prepararlo licuando 4 mitades de duraznos y un pocillo de su almíbar.

Torta Horacio

36 PORCIONES

INGREDIENTES

Crema de leche, 1 litro
Polvo para flan de vainilla, 1 caja grande
Gelatina sin sabor, 14g
Vino oporto, 250cc
Azúcar, 3 cucharadas
Pionono de vainilla de 4 huevos (véase pág. 258), 2
Pionono de chocolate de 4 huevos, 1
Duraznos en almíbar, 1 lata
Nueces, 100g

◆ Batir las 3/4 partes de la crema de leche a medio punto, incorporarle en forma de lluvia el polvo de flan, dejar en reposo 5 minutos. ◆ Hidratar la gelatina con el vino oporto, calentar a baño de María y dejar entibiar. ◆ Batir la crema con el flan y cuando comienza a tomar punto firme incorporarle la gelatina. De esta forma se obtiene un sabayón muy práctico. ◆ Batir el 1/4 litro de crema reservado con el azúcar a punto chantillí y mantener en heladera. ◆ Tapizar con acetato un molde desarmable, ovalado o redondo de 28 a 30 cm de diámetro. ◆ En el fondo acomodar una capa de pionono de vainilla. Cortar el pionono de chocolate y el restante de vainilla con cortapasta de 8 cm de diámetro. ◆ Acomodar sobre las paredes del molde los medallones de pionono y en forma intercalada, es decir, uno de vainilla, otro de chocolate, etc., ligeramente superpuestos. ◆ Sobre la base de pionono colocar la crema chantillí, los duraznos cortados en trozos y las nueces picadas gruesas. ◆ Cubrir los duraznos con las 3/4 partes de la crema de sabayón, golpear suavemente el molde para que se nivele la crema, marcar la superficie con un tenedor formando cuadrados. ◆ Colocar el resto de crema de sabayón en una manga con boquilla rizada y formar copetes grandes. ◆ Llevar a heladera por lo menos dos horas, retirar el aro del molde y acomodar en la bandeja.

Torta Julián

35 PORCIONES

INGREDIENTES

Huevos, 12
Azúcar rubio, 400g
Harina leudante, 400g
Cacao amargo, 2 cucharadas
Manteca, 50g
Canela y clavo de olor, 1 pizca
Gelatina sin sabor, 14g

Licor de café al coñac, 150cc
Crema de leche, 1 litro
Azúcar, 10 cucharadas
Café instantáneo, 3 cucharadas
Chocolate de taza, 300g
Pionono de vainilla (véase pág. 258), 1

◆ Batir los huevos con el azúcar hasta obtener punto cinta, agregar la harina cernida con el cacao, la canela y el clavo de olor, incorporar por último la manteca derretida y fría. ◆ Cocinar en dos moldes rectangulares de 25 x 35 cm a temperatura mínima entre 30 y 40 minutos, dejar enfriar. ◆ Hidratar la gelatina con el licor, calentar y dejar entibiar. ◆ Batir la crema con el azúcar y el café, agregar la gelatina líquida y fría y seguir batiendo hasta lograr un punto firme, incorporar el chocolate rallado. ◆ Tapizar uno de los moldes de cocción con acetato, acomodar el pionono de vainilla, cubrir con la crema granizada. ◆ Cortar cada bizcochuelo en dos capas. Acomodar una capa de bizcochuelo sobre la crema. Repetir las capas de bizcochuelos y crema hasta finalizar. ◆ Prensar y llevar a heladera de 3 a 4 horas. Desmoldar en el plato de presentación. ◆ Preparar un caramelo bien firme con 500g de azúcar, 150cc agua y una cucharada de jugo de limón. ◆ Cuando tome color rubio intenso, dejar que baje la temperatura y verterlo sobre la torta que debe estar bien fría, cubriendo sólo la capa de pionono, dejándolo deslizar apenas hacia los costados. Dejar reposar 5 minutos. ◆ Calentar un cuchillo al rojo y marcar cuadrados de 5 x 5 cm, cortando solamente la capa de caramelo.

Torta tricolor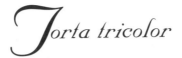

36 PORCIONES

INGREDIENTES

Crema pastelera de vainilla (véase pág. 262), 1 litro
Crema pastelera de chocolate (véase pág. 262), 1 litro
Crema de leche, 1 litro
Azúcar, 5 cucharadas
Frutillas, 500g
Discos de pionono (véase pág. 258), 4

◆ Preparar dos litros de crema pastelera de vainilla, dividir en dos partes y agregar a una de ellas cacao o chocolate a gusto. Dejar que se enfríen en heladera. ◆ Batir aparte la mitad de la crema a punto chantillí sin azúcar, incorporarla a las pasteleras con suaves movimientos envolventes para obtener dos cremas suaves y marmoladas. ◆ Por último batir el resto de crema con el azúcar a punto chantillí bien firme, incorporar las frutillas picadas en trozos gruesos y mantener en heladera. ◆ Tapizar un molde desarmable con acetato, colocar en el fondo un disco de pionono de 26 cm de diámetro. ◆ Colocar la crema de frutillas, distribuir medias frutillas enteras apoyándolas sobre las paredes del molde. Cubrir con otro disco de pionono, colocar crema a la vainilla, nuevamente pionono, distribuir nuevamente frutillas sobre el costado del molde. ◆ Apoyar otro disco de pionono y por último la crema pastelera al chocolate. Tapar con el último disco de pionono, prensar bien y llevar a heladera o freezer por lo menos dos horas. ◆ Untar ligeramente la superficie con crema y adornar con frutillas enteras barnizadas con gelatina sin sabor. Retirar el molde y acomodar la torta en un plato plano. ◆ Completar la decoración con hojas de hiedra y frutillas.

Torre de hojaldre y frutas

10 A 12 PORCIONES

INGREDIENTES

Discos de pascualina hojaldrada, 3 paquetes
Azúcar impalpable, 6 cucharadas
Crema pastelera de vainilla, 1 litro
Duraznos en almíbar, 1 lata
Gelatina sin sabor, 14g
Peras en almíbar, 1 lata
Ananá en almíbar, 1 lata
Frutillas, 200g

◆ Pinchar los discos de masa, espolvorearlos con el azúcar impalpable con ayuda de un cernidor, cocinar los discos por separado sobre placa enmantecada y enharinada en horno de temperatura moderada a fuerte. Deben quedar bien secos y ligeramente acaramelados. ◆ Preparar la crema pastelera (véase pág. 262), dejarla entibiar y mezclar con los duraznos escurridos y procesados. ◆ Diluir la gelatina en 1 pocillo de almíbar de los duraznos, cocinar sobre fuego hasta que rompa el hervor, dejar entibiar y cuando tome punto de jarabe espeso, incorporar a la crema. ◆ Aparte escurrir las peras y el ananá, secarlas sobre un lienzo o papel de cocina y cortar las frutas en 3 o 4 partes cada una. ◆ Para armar la torre, colocar en una fuente un disco de masa, cubrir con una porción de crema, distribuir trozos de peras, tapar con otro disco de masa, repetir crema y esta vez trozos de ananá hasta finalizar con la crema, las frutas y los discos de masa. Ajustar para compactar todo muy bien. ◆ Decorar la superficie con un copete de la misma crema y una torre de frutillas, trozos de duraznos, de peras y ananá.

Pastel diferente de masa bomba

12 A 17 PORCIONES

INGREDIENTES

MASA BOMBA
Manteca, 200g
Agua, 2 tazas
Sal, 1 pizca
Harina leudante, 2 tazas
Huevos, 8

RELLENO
Crema pastelera (véase pág. 262), 1 litro
Crema de leche, 1 litro
Azúcar, 10 cucharadas
Duraznos en almíbar, 6
Peras en almíbar, 6
Frutillas, 1/2 kilo
Kiwis, 2

◆ Colocar la manteca, el agua y la sal en una cacerola amplia, cocinar a fuego fuerte, cuando rompa el hervor, agregar la harina de golpe y cocinar 10 minutos a fuego mínimo revolviendo continuamente con cuchara de madera. ◆ Retirar del fuego, dejar entibiar y agregar los huevos de a uno batiendo cada vez. ◆ Colocar la preparación en manga con boquilla lisa y grande. Enmantecar y enharinar una placa para horno grande, formar sobre ella rectángulos de 15 x 30 aproximadamente. Cocinar en horno fuerte previamente precalentado 10 minutos, luego bajar la temperatura a mínimo y cocinar 10 minutos más. De esta manera se obtiene una masa bien hueca y seca. ◆ Con esta preparación se obtienen cuatro placas. ◆ Preparar la crema pastelera bien firme (véase pág. 262). ◆ Aparte batir la crema de leche con el azúcar a punto chantillí, mezclar ambas preparaciones muy lentamente para mantener el volumen y que la preparación tenga un aspecto similar a una *mousse* de vainilla. ◆ Armar el postre colocando una placa de masa, abundante crema y duraznos cortados en rodajas finas, cubrir con otra placa de masa, nuevamente crema y peras cortadas, repetir masa, crema y distribuir frutillas cortadas, por último colocar masa, crema y kiwis en rodajas. ◆ Prensar suavemente, llevar a heladera por lo menos 2 horas. Cortar con cuchillo eléctrico los bordes de la torta, untar la superficie con la misma crema y adornar con las mismas frutas y hojas frescas de limón.

Parfait de frambuesas y yogur

8 PORCIONES

INGREDIENTES

Frambuesas, 500g
Azúcar impalpable, 80g
Yogur de vainilla, 500g
Yemas, 4

Azúcar, 200g
Crema, 250g
VARIOS: frutas variadas, hojas de menta

◆ Pisar las frambuesas con un tenedor formando un puré; agregar el azúcar impalpable y el yogur. ◆ Batir aparte, a baño de María, las yemas con la mitad del azúcar hasta que tengan consistencia cremosa. Retirar del calor. ◆ Remojar el resto del azúcar con un poquito de agua y formar un almíbar. Verterlo de a poco sobre las yemas y seguir batiendo hasta obtener una crema homogénea. ◆ Mezclar esta crema de huevo con la pulpa de frambuesas, el azúcar impalpable y el yogur e incorporar lentamente la crema batida. ◆ Poner la preparación en un molde y congelar de 3 a 4 horas. ◆ Retirar el *parfait* 20 minutos antes de servirlo para que resulte firme pero tierno. ◆ Desmoldar y servir con trozos de frutas variadas y hojas de menta. ◆ También puede decorarse con frambuesas u otras frutas rojas y salsear a gusto.

Capítulo 11

Tortas para ocasiones especiales

Torta aniversario

◆ Preparar dos bizcochuelos, uno de chocolate y uno de vainilla utilizando moldes del mismo diámetro (véase pág. 260). Cortar cada bizcochuelo en tres capas. ◆ Armar la torta dentro de uno los moldes utilizados para cocinar los bizcochuelos. Acomodar en forma alternada discos de bizcochuelo de chocolate y de vainilla y rellenar con *mousse* de dulce de leche (véase pág. 269). Humedecer ligeramente cada capa de bizcochuelo con licor de dulce de leche. ◆ Colocar en heladera con preferencia de un día para otro, para que la preparación quede bien compacta. ◆ Luego desmoldar y forrar la torta con masa de miel color beige (véase pág. 274). ◆ Estampar la mitad de la superficie con pinza marcadora formando rombos. ◆ Colocar la torta sobre bandeja de espejo. Bordear el contorno de la torta con una cinta fina de raso de color tostado. ◆ Decorar la superficie de la torta con rosas y hojas de chocolate y *fondant* siguiendo la gama de los marrones (véase pág. 244).

Torta Bariloche
(para egresados)

◆ Preparar un bizcochuelo básico de 8 huevos (véase pág. 260) y cocinarlo en un bol o molde de repostería para pollera de muñeca. ◆ Armar la torta en el mismo molde rellenándolo con dulce de leche pastelero y chocolate picado. Dejar reposar por lo menos 2 horas. ◆ Para realizar la bufanda y los guantes, superponer 4 piononos rectangulares untados con dulce de leche. ◆ Recortar la bufanda y lo guantes tratando de no tener sobrantes (véase dibujo). Acomodarlos en una bandeja grande, superponiendo a un costado el gorro. ◆ Untar todo con merengue italiano blanco (véase pág. 270). ◆ Dividir dos porciones de merengue. Agregar a cada una de ellas una taza de azúcar impalpable tamizada para secar el merengue. Colorearlas en dos tonos diferentes. ◆ Colocar los merengues en mangas con boquillas rizadas medianas, decorar con pequeñas motas y copetes intercalando los colores (véase dibujo). ◆ El pompón del gorro se forma con un trozo de pionono modelado como trufa. Decorarlo con la boquilla que se utiliza para imitar pasto. Realizar lo mismo con los flecos de la bufanda.

Torta de bodas

◆ Preparar un bizcochuelo de vainilla, cocinarlo en un molde de 30 cm de diámetro. Preparar 4 bizcochuelos de chocolate y cocinar dos de ellos en moldes de 26 cm de diámetro, los otros dos en moldes de 22 cm de diámetro. ◆ Rellenar cada uno dentro de su mismo molde, previamente forrados con acetato, con las cremas y frutas deseadas. Guardar en la heladera por lo menos 3 horas. ◆ Desmoldar las tortas sobre cartón del mismo tamaño y untarlas con merengue (véase pág. 270) para que tengan una base blanca. ◆ Forrar las 5 tortas con masa de miel (véase pág. 274). Colorear cada porción de masa de miel con 1 cucharada sopera de café instantáneo diluido en 1 cucharada de agua caliente. ◆ Marcar las superficies de todas las tortas con pinza marcadora formando un nido de abeja como indica el dibujo. ◆ Colocar la torta de mayor tamaño sobre 6 copas de champaña tipo flauta colocadas sobre la mesa en forma invertida. ◆ Acomodar las dos tortas medianas a cada lado de la torta principal. ◆ Las dos tortas más pequeñas colocarlas delante de la torta (véase dibujo).

Unir las tortas con guías de rosas naturales armadas sobre alambre de floristería. Dos de ellas deben medir 35 cm de largo y van desde el plato principal hasta las tortas medianas. Las otras dos miden 55 cm y se colocan desde el frente de la torta grande hasta el centro de las dos pequeñas. ◆ Si lo desea, colocar en la torta principal una cúpula realizada con media esfera de telgopor decorada con glacé blanco. Apoyarla sobre agujas de madera número 3 cubiertas con cinta de raso blanco. Colocar debajo la pareja de novios o flores naturales.

Torta de bodas de plata

◆ Preparar 3 proporciones de torta galesa (véase pág. 219) y cocinar en dos moldes con forma de corazón, N° 3 o 4. ◆ Cuando estén cocidos y bien fríos untar los costados y la superficie con dulce de leche. Forrar con masa de miel blanca (véase pág. 274). ◆ Colocar cada corazón sobre platos planos con blondas plateadas. ◆ Cubrir la mesa de presentación con raso blanco. ◆ Acomodar uno de los corazones sobre columnas de acrílico de 30 cm de alto. ◆ Colocar el otro corazón en diagonal a 40 cm de distancia directamente sobre la tela. ◆ Unir los corazones por medio de un puente. ◆ Decorar cada torta con ramilletes de flores naturales blancas con detalles de cintas plateadas, marcando, si se desea, las iniciales de los homenajeados. ◆ Para el puente preparar una porción de pastillaje (véase pág. 276). Cortar los laterales siguiendo el molde. Para la base cortar una tira de 10 cm de ancho por el largo total del puente, dejarla secar sobre un cartón con la curvatura que tiene la base de los laterales.

Torta para bodas de oro

◆ Preparar la torta siguiendo las indicaciones de la torta marmolada imperial (véase pág. 188) reemplazando los discos de pionono por piononos cuadrados de 40 x 40 cm. ◆ Forrar un molde de 40 cm de lado con acetato, armar la torta dentro del molde, prensarla bien para que resulte bien compacta y de ángulos perfectos. Llevar a heladera por lo menos 3 horas. ◆ Con una cuchilla o cuchillo eléctrico cortar una cuarta parte de la torta, quitándole una porción de 20 x 20 cm. De esta forma la porción de torta grande toma forma de L. ◆ Colocar en un plato de presentación, chico, el trozo cortado y acomodar la torta grande sobre una bandeja cuadrada y amplia cubierta con una blonda. ◆ Untar la torta con merengue italiano (véase pág. 270) alisando la superficie con una espátula metálica humedecida en agua, hasta que quede lisa y espejada. Alisar también los costados, adherir alrededor de la torta cinta blanca de cotillón. ◆ Con una boquilla grande y chata de mimbre realizar en la parte superior de la cinta conchillas y en la parte inferior zigzag. Para realizar esta decoración la posición del pico de la boquilla debe ser de costado para que las líneas resulten más delgadas. ◆ Colocar el cuadrado de 20 x 20 cm ya decorado con el mismo diseño que la torta grande, apoyándolo sobre 4 caramelos largos forrados con cinta dorada levemente hundidos en la torta grande. Acomodar encima de la torta pequeña dos copas con ribetes dorados o un moño. ◆ Finalizar la decoración aplicando ramilletes de flores y moños. Si lo desea puede colocar en la bandeja una tarjeta con el nombre de los homenajeados.

Torta de comunión para varón

◆ Preparar dos proporciones de bizcochuelo básico (véase pág. 260) con un agregado de 1 taza de nueces molidas, 1 taza de cacao amargo y 100g de manteca derretida y tibia. Cocinar en un molde ovalado número 5. ◆ Armar la torta dentro del mismo molde rellenando con crema chantillí marmolada con dulce de leche. Llevar a heladera de dos a tres horas. ◆ Desmoldar en el plato de presentación, cubrir con merengue italiano (véase pág. 270) coloreado con unas gotitas de colorante vegetal amarillo. Alisar con ayuda de una espátula humedecida en agua. ◆ Aplicar en el reborde de la torta una cinta blanca plastificada. ◆ Decorar con boquilla número 22 marcando zigzag por arriba y por debajo de la cinta. ◆ Completar con un moño de raso en la unión de la cinta. ◆ Decorar la parte superior con un misal, un rosario y ramos de flores naturales o artificiales en color amarillo y blanco. Completar con moños de cinta de raso a dos colores.

> **Nota**: *Si desea puede realizar el misal. Cortar un trozo de telgopor de 12 x 16 cm, untarlo con dulce y reforzarlo íntegramente con masa de miel blanca (véase pág. 274). En tres de sus lados marcar con un cuchillo trazos imitando las hojas del libro. Para imitar el lomo del libro aplicar una tira de masa más gruesa en el lado que quedó sin marcar. Trabajar toda la superficie con pinza marcadora, aplicar en el centro de la tapa una cruz o estampa.*

Torta de comunión para nena

◆ Preparar dos bizcochuelos de vainilla, cocinar uno de ellos en una asadera de 30 x 40 cm, el otro en un molde redondo de 30 cm de diámetro. ◆ Rellenar los bizcochuelos en los mismos moldes con las cremas deseadas. Colocar en heladera por lo menos 3 horas. ◆ Cortar el bizcochuelo redondo por la mitad, acomodar cada mitad a cada lado del bizcochuelo rectangular formando un óvalo. Colocar este óvalo en una base alargada cubierta con una blonda. ◆ Untar toda la superficie con merengue italiano (véase pág. 270), alisar con una espátula plana pasada por agua. ◆ Bordear la torta con cinta blanca ribonet. Decorar con merengue italiano en manga con boquilla de mimbre chato formando una guarda por arriba y por debajo de la cinta. ◆ En el centro de la torta acomodar un pequeño altar, recubrirlo con una puntilla blanca, colocar encima el cáliz. ◆ Colocar detrás el fondo del altar con las columnas y pequeñas baranditas caladas. El molde es de tamaño natural y puede reducirse de acuerdo con el tamaño de la torta. ◆ Calar los sectores que tienen la letra C con bisturí número once, adherir por la parte de atrás puntilla, tul o encaje. ◆ Se puede armar este trabajo en pastillaje o utilizar platos descartables para pizza. Este material es de un material térmico, liso y brillante que se utiliza también para envasar fiambres. Es muy práctico porque se arma rápidamente y se une con pistola encoladora. Permite decorar con *glacé* real. ◆ Completar la decoración con flores amarillas y blancas, colocadas en pequeños floreros realizados con dedales blancos.

> **Nota:** Este modelo se adapta a niño o niña agregando muñecos de pastillaje o ángeles de porcelana.

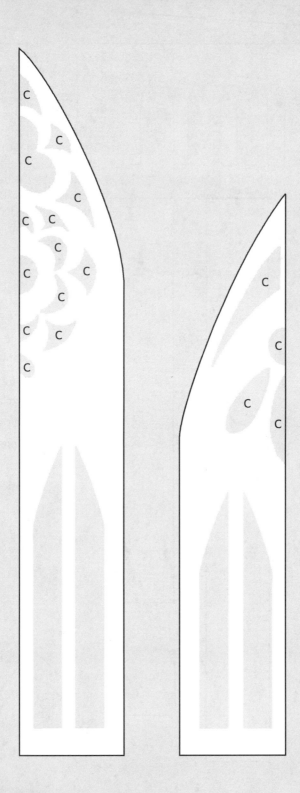

Torta galesa

14 PORCIONES

INGREDIENTES

Manteca, 200g
Azúcar rubio, 150g
Huevos, 4
Mermelada de ciruelas, 4 cucharadas
Ralladura de limón, 1 cucharada
Salsa caramelo, 1/2 taza
Yogur, 200g
Esencia de vainilla, 2 cucharaditas
Harina, 650g
Polvo para hornear, 2 cucharaditas
Canela, 1 cucharadita
Clavo de olor, 1/4 de cucharadita
Nuez moscada, 1/2 cucharadita
Bicarbonato, 1/4 de cucharadita
Pasa rubias y negras, 150g
Fruta abrillantada, 100g
Coñac, 1 copita
Nueces, 100g
Almendras, 100g

◆ Batir la manteca con el azúcar hasta obtener una crema. ◆ Agregar los huevos uno a uno batiendo cada vez, incorporar la mermelada, la ralladura, la salsa caramelo, el yogur y la esencia de vainilla. ◆ Cernir la harina con las especias, el polvo para hornear y el bicarbonato, agregar al batido. ◆ Aparte remojar las pasas y la fruta abrillantada picada con el coñac, mezclar con las nueces y las almendras picadas, espolvorear con harina y añadir al batido. ◆ Colocar en un molde de 24 a 26 cm de diámetro cubriendo previamente la base con papel manteca enmantecado y enharinado. ◆ Cocinar en horno suave 1 y 1/4 hora a 1 y 1/2 hora, verificar la cocción, dejar entibiar y desmoldar sobre rejilla.

Esta torta se utiliza como base de tortas de boda o cualquier otro aniversario.

Torta "El payaso"

◆ Preparar dos proporciones de bizcochuelo base (véase pág. 260). Cocinar en un molde redondo de 30 cm de diámetro. ◆ Armar la torta dentro del molde rellenándola con una crema a gusto. Llevar a heladera por lo menos 2 horas. ◆ Desmoldar sobre cartón, untar con dulce de leche y forrar con masa de miel (véase pág. 274) natural. ◆ En el medio exacto de la torta colocar una esfera de masa de miel teñida de rojo de 4 cm de diámetro imitando la nariz del payaso. ◆ Colorear las mejillas con pequeños toques de colorante blanco y rosa, esfumar ligeramente con los dedos. Si lo desea, marcar pequitas en las mejillas del payaso. ◆ Pintar con colorante blanco la forma de los ojos, luego realizar el iris del color elegido y por último la pupila negra. ◆ Colocar *glacé* real con colorante negro en un cartucho de papel y marcar las pestañas. ◆ La boca se puede realizar pintándola con colorante rojo o hacerla recortando masa de miel teñida de rojo. ◆ Para el cabello del payaso pincelar el interior de una manga con *glacé* color naranja formando líneas. Luego rellenar la manga con *glacé* color amarillo, en esta forma el cabello queda matizado. Formar copetes imitando remolinos con una boquilla de las que se utilizan para imitar pasto. ◆ Completar la decoración con un bonete y un moño en el cuello.

Torta "El gatito"

◆ Preparar dos bizcochuelos de vainilla (véase pág. 260). Cocinar cada uno de ellos en moldes de repostería con forma de herradura. ◆ Cocinar otro bizcochuelo en un molde de 22 cm de diámetro para realizar la cabeza del gato. ◆ Rellenar los 2 bizcochuelos con forma de herradura con la crema deseada y superponerlos. Rellenar también el molde redondo. ◆ Las dos herraduras superpuestas y el molde redondo deben quedar de la misma altura. ◆ Acomodar en una bandeja. Untar todo ligeramente con merengue italiano blanco (véase pág. 270). ◆ Colocar merengue en manga con boquilla grande de las que se utilizan para imitar pasto. Decorar la cabeza del gato comenzando de afuera hacia adentro en forma de espiral. ◆ Colocar en el centro de la cabeza un confite rojo para marcar la lengua y uno marrón para la nariz. Imitar los bigotes con fideos *spaghetti* de 10 cm de largo teñidos con una pasta de cacao amargo y agua. Realizar los ojos en masa de miel, pintarlos con colorante vegetal marrón y negro. Imitar las orejas con trocitos de vainillas sujetos con un palillo. ◆ Armar la cola uniendo vainillas por medio de palillos. ◆ Decorar el cuerpo y la cola con merengue blanco. Los extremos de las patas y la punta de la cola realizarlos con merengue color oscuro. ◆ Colocar en la unión del cuerpo y la cabeza del gato un moño grande y un cascabel.

Torta para el día de la Madre

◆ Preparar doble proporción de bizcochuelo de chocolate o vainilla (véase pág. 260) y cocinarlo en un molde grande con forma de flor. ◆ Armar la torta dentro del molde rellenándola con crema chantillí marmolada con dulce de leche. Llevar a heladera de 3 a 4 horas, desmoldar y cortar 2 de las ondas para darle forma de delantal. ◆ Cortar un cartón duro con el mismo formato del bizcochuelo y colocarlo debajo de la torta. ◆ Untar la torta con dulce de leche pastelero. ◆ Forrar con masa de miel (véase pág. 274) coloreada en rosa muy suave. Acomodar la torta en la bandeja de presentación. ◆ Bordear las ondas de la superficie con una puntilla apenas fruncida, y marcar la cintura con entredós de la misma puntilla y formar los lazos con cintas de raso. ◆ Marcar los bolsillos con un punzón o pinza marcadora de repostería. ◆ Con un cortapasta en forma de corazón marcar una flor de 5 pétalos (véase dibujo) y luego marcar otra flor más pequeña con un cortapasta más chico. Marcar las hojas con un palillo. ◆ Decorar las flores y las hojas con glacé real (véase pág. 272) puesto en manga con boquilla lisa o cartucho haciendo movimientos de zigzag imitando un bordado en punto relleno. Buscar la armonía de los tonos trabajando en *degradé* de rosas y verdes.

> **Nota** Si no desea utilizar cintas y puntillas puede realizar todos los detalles en la misma masa de miel.

Torta para el día del Padre

◆ Preparar el doble de la receta de bizcochuelo de chocolate (véase pág. 260), cocinarlo en molde rectangular de 25 x 35 cm. ◆ Armar la torta dentro del mismo molde rellenándola con la crema deseada. Llevar a heladera como mínimo 2 horas. ◆ Desmoldar sobre un cartón duro de la misma medida de la torta. Untar la torta con dulce de leche pastelero y dejar orear. ◆ Tapizar la torta con masa de miel (véase pág. 274) preparada con 1 cucharada de café instantáneo diluido en unas gotas de agua caliente, para darle un color beige. Recortar el excedente de masa y reservar. Pasar la torta a la fuente. ◆ Retirar del excedente de masa una porción del tamaño de una naranja, al resto teñirlo de marrón oscuro con colorante vegetal. ◆ Extender la masa marrón sobre una mesada espolvoreada con muy poca fécula para que no se manche. Pasar sobre ella un palote marcador con diseño de rayas o cuadros. ◆ Apoyar sobre la masa marrón el molde de medio chaleco, recortar y acomodar sobre la torta. Cortar la otra mitad invirtiendo la posición del molde de papel. Apoyar la segunda parte del chaleco sobre la torta. ◆ Con la misma masa decorar el chaleco con tapitas para los bolsillos, un bolsillo entero con un pañuelo (véase dibujo). ◆ Con la pasta clara reservada realizar la cartera de la camisa, los botones y el cuello mao.

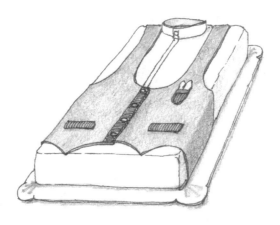

Torta para 15 años

◆ Preparar 4 bizcochuelos base y cocinar en 4 moldes N° 2 con forma de corazón. Preparar un bizcochuelo cuadrado de 20 x 20 cm y otro redondo de 20 cm de diámetro. ◆ Armar los bizcochuelos en los mismos moldes de cocción rellenándolos con la crema deseada. Dejarlos reposar en heladera por lo menos 3 horas. ◆ Desmoldarlos sobre cartón duro de la misma forma y medida de los bizcochuelos. ◆ Como plato de presentación utilizar placas de telgopor de alta densidad. Cortar con cuter o cuchillo caliente 4 corazones, un cuadrado y un círculo, 3 cm más anchos que la medida de las tortas. Pegar el cartón de cada torta sobre cada plaqueta de telgopor. ◆ Untar la superficie de las 6 tortas con merengue italiano (véase pág. 270) y decorar los costados con boquilla de mimbre chata. ◆ Ribetear alrededor de cada plancha de telgopor con una puntilla ligeramente fruncida, que se adhiere al merengue presionando con un palito de *brochette*. ◆ Cubrir la mesa que se va utilizar con un mantel blanco y sobre éste colocar un trozo de tela de raso color pastel dándole movimiento. ◆ Acomodar en el centro de la mesa la torta cuadrada y colocar bien junto en cada esquina un corazón. De esta forma parece una sola torta grande. ◆ Insertar en la torta cuadrada 4 columnas de acrílico. Apoyar la torta redonda sobre un plato de presentación y acomodarlo encima de las columnas. ◆ Colocar en el centro del piso superior las cintas con los dijes y el anillo. Distribuir encima flores en la gama de los colores pastel. ◆ Decorar la superficie de cada corazón dibujando con la pinza marcadora un enrejado. ◆ Finalizar la decoración con flores naturales o artificiales en la gama de los pasteles.

Capítulo 12

Presentación de bandejas

Canastas de sandía

◆ Las canastas se pueden realizar colocando la sandía en posición vertical u horizontal. ◆ Para realizarla en forma vertical, cortar una capa delgada de la base, para poder asentarla. ◆ Marcar con un lápiz la porción que se utiliza para la manija (véase dibujo). Cortar, retirar las partes marcadas. ◆ Retirar la pulpa de la sandía para poder rellenarla. ◆ Si lo desea cortar en forma de ondas el reborde de la canasta y realizar en cada onda un pequeño calado. ◆ Marcar en la manija, con fibra negra, flores y hojas. Con un bisturí de hoja número 11 inclinado hacia la derecha y luego hacia la izquierda cortar siguiendo las líneas del dibujo la parte de la corteza verde de la sandía. ◆ Para la canasta horizontal véase dibujo. ◆ Estas sandías caladas pueden utilizarse como recipientes para cóctel de camarones, bochas de helado, macedonias de frutas.

> **Nota** También se puede decorar la manija con tallados de frutas y vegetales.

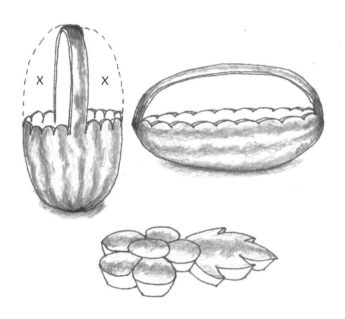

Capullitos de verdeo

◆ Seleccionar cebollas de verdeo que tengan la cabeza lo más redonda posible. ◆ Retirarle la primera capa manteniendo las raíces enteras. ◆ Marcar con la punta de un cuchillo bien filoso un pétalo con la base bien redondeada y un pico bien acentuado (dibujo 1). ◆ Repetir el mismo corte para tornear los otros pétalos teniendo la precaución de insertar el cuchillo sólo hasta el centro del vegetal para no cortar los otros pétalos. ◆ Desprender suavemente la flor tallada del tallo, en éste queda marcado otro modelo de flor más plana y de aspecto invertido a la primera (dibujo 2). ◆ Mantener las flores de cebolla en agua helada. ◆ Según el tamaño de la cabeza de la cebolla se pueden obtener flores de 3, 4 y hasta 5 pétalos. ◆ Se puede aprovechar la parte del tallo de la cebolla.

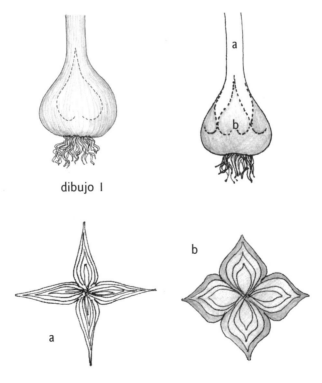

dibujo 1

dibujo 2

Estrellas de puerro

◆ Limpiar los puerros desechando las hojas verdes, dejar la cabeza blanca con la raíz. ◆ Medir desde la raíz hacia arriba diez centímetros y cortar (dibujo 1). ◆ Marcar con un cuchillo pequeño cortes rectos con una ligera inclinación, siempre de arriba hacia abajo (dibujo 2). ◆ Repetir los cortes hasta que el último se encuentre con el primero. ◆ Separar la cabeza del tallo. De esta manera se obtienen dos flores distintas con un mismo corte (dibujo 3). ◆ Para agrandar la flor, acentuar la profundidad de los picos con la punta del cuchillo. ◆ Conservar en agua helada.

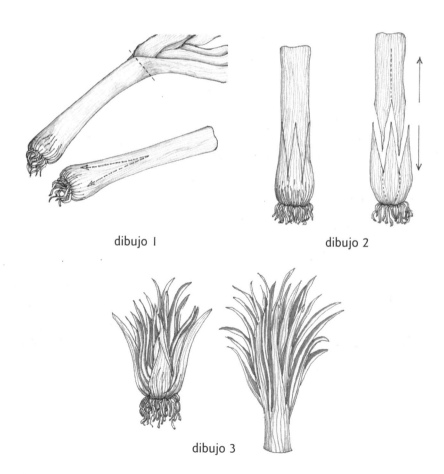

dibujo 1

dibujo 2

dibujo 3

Flores de rabanito

◆ Seleccionar rabanitos redondos, parejos y muy frescos, lavarlos. ◆ Retirarles las hojas, colocarlos con la raíz hacia arriba y empezar a tornearlos desde abajo. ◆ Marcar el contorno con un cuchillo pequeño formando ondas. Esto debe realizarse con la hoja del cuchillo en posición horizontal. ◆ Luego con el cuchillo en forma vertical retirar una pequeña parte de la pulpa que queda entre onda y onda. ◆ Repetir la misma operación intercalando los cortes hasta llegar a la punta de la raíz (véase dibujo). ◆ Una vez torneados los rabanitos colocarlos en un bol con agua fría por lo menos 2 horas. Esto hace que los vegetales se hidraten, tomen una textura fuerte y se abran mucho más los pétalos.

> **Nota**: El rabanito es uno de los pocos vegetales torneados que no se pela. Los torneados pueden realizarse hasta ocho días antes de utilizarlos, conservándolos siempre en heladera y cambiando el agua todos los días.

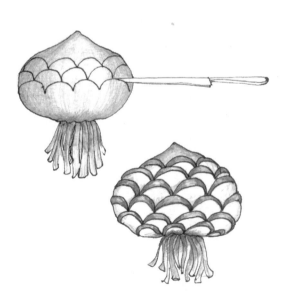

Pájaros con penachos de ananá

◆ Retirarle al ananá los penachos de la parte de abajo, lo más curvos que sea posible. Separarlos uno por uno. ◆ Apoyarlos sobre la mesa y cortarlos desde el centro del núcleo, hacia afuera, por el medio, a lo largo. Separando uno del otro se obtienen 2 figuras de pájaros enfrentados. (Véase dibujo.) ◆ Pincelar con colorante rojo la cabeza y el cuello del pájaro, esfumar con amarillo el pecho, imitar el ojo con un clavo de olor.

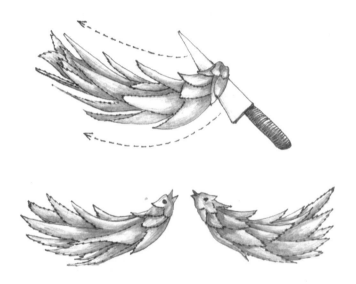

Melón calado Ave del Paraíso

◆ Seleccionar un melón de consistencia firme y cáscara perfecta. ◆ Marcar con una fibra el dibujo sobre el melón. Ampliar el diseño según el tamaño de la fruta. ◆ Cortar el melón con un cuchillo de punta fina siguiendo las líneas del dibujo, llegando hasta el centro del melón. ◆ Retirar las partes marcadas con una X, de esta manera se obtiene la figura del pájaro. ◆ Retirar las semillas y la pulpa. Cortar una rodaja pequeña de la base para mantener el melón bien firme.

> **Nota** Se puede utilizar como motivo de adorno en una fuente con jamón y frutas o se puede ahuecar con cuchara de papitas noisette, macerarlo con vino oporto y volver a rellenar el melón agregando, si se desea, otros elementos.

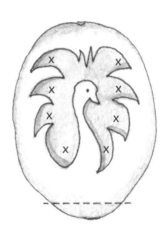

Rabanitos deflecados

◆ Elegir rabanitos anchos y sin mucha punta. ◆ Cortar al ras la punta del lado de la raíz, dejar un trocito del tallo para poder sujetarlo (dibujo 1).
◆ Con un cuchillo de hoja muy fina y bien filoso realizar tajos de arriba hacia abajo sin llegar al tallo con una distancia de 2 a 3 mm entre sí (dibujo 2).
◆ Invertir la posición del rabanito y formar tajos de la misma medida y a la misma distancia que el anterior pero en sentido opuesto, formando un cuadriculado (dibujo 3), mantener en agua fría para que se abra (dibujo 4).

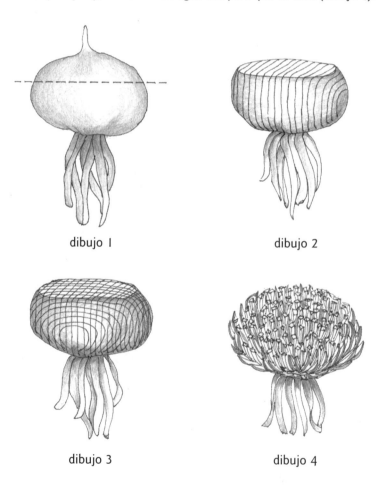

dibujo 1

dibujo 2

dibujo 3

dibujo 4

Rizos de hojas de remolacha

◆ Cortarle a la remolacha el tallo con las hojas incluyendo 2 cm de pulpa (dibujo 1). ◆ Tallar las hojas insertando la punta de el cuchillo o bisturí haciendo finísimos cortes de afuera hacia adentro de 1 o 2 cm de profundidad con trazos sesgados (dibujo 2). ◆ Dividir cada hoja al medio, en forma vertical, como se indica en el dibujo 3. Pueden separarse totalmente o interrumpir el corte 1 cm antes del final de la hoja. ◆ Colocar el tallado en un bol con abundante agua helada, en dos o tres horas las hojas se rizan (dibujo 4).

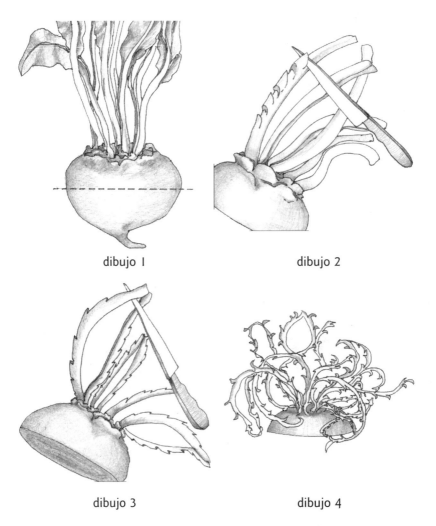

dibujo 1

dibujo 2

dibujo 3

dibujo 4

Rosas torneadas de remolacha

◆ Seleccionar remolachas de consistencia firme, se pueden elegir bien redondas o achatadas. ◆ La mecánica del tallado es similar a la de las flores de rabanito (véase pág. 229). Si la remolacha es chata los pétalos se marcan como indica el dibujo número 1. ◆ Si la remolacha es alargada y puntiaguda los pétalos se tornean marcando curvas mucho más acentuadas y de mayor altura. Para que los pétalos se abran mucho más, acentuar la profundidad del corte en el momento de retirar la pulpa. ◆ Para que la rosa resulte más abierta, despegar suavemente cada pétalo y colocar dentro de cada uno de ellos una pequeña cuña de la misma pulpa. ◆ Para obtener un mejor aspecto pincelar la flor de remolacha con aceite o gelatina liviana en el momento de utilizarla para el arreglo.

> **Nota** Mantener las flores de remolacha en agua porque como la remolacha destiñe y pierde color, fuera del agua se torna opaca y blancuzca.

dibujo 1

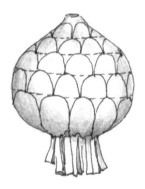

dibujo 2

Rosas de calabaza

◆ Cocinar la calabaza al vapor o en microondas para que resulte seca y cremosa. Una vez cocida, pasar la calabaza por tamiz. Si resultara muy blanda, colocar la pulpa en un lienzo y escurrir, de esta manera se obtiene un puré mas consistente. Condimentar con sal, pimienta y nuez moscada.
◆ Preparar un puré de papas siguiendo las indicaciones de las rosas de puré.
◆ Para formar rosas en *degradé*, realizar los pimpollos de calabaza pura siguiendo las indicaciones de las rosas de puré. ◆ Agregar al puré de calabaza parte del puré de papa. Cuando más puré de papa se agregue, se obtendrán rosas más armadas y de color más claro. Marcar pétalos dándole a la rosa el diámetro deseado. ◆ Para las hojas utilizar el puré de papa coloreado con 2 cucharadas de espinaca cocida y procesada por cada kilo de papa. Colocar el puré verde en manga con boquilla para hojas con nervadura ◆ Para formar las hojas presionar la manga con fuerza al comienzo y continuar luego en forma lenta y suave, finalizar la hoja retirando la manga con un movimiento rápido.

Rosas de puré

◆ Seleccionar papas del mismo tamaño, cocinarlas en agua con su cáscara.
◆ Pelarlas, pasarlas por prensa puré y tamizarlas, condimentar con sal, pimienta y nuez moscada, agregar 75g de manteca por kilo de papa. ◆ Colocar el puré tibio en manga con boquilla para pétalos grandes. Estas boquillas tienen un corte diagonal y la abertura es más ancha en la parte alta y delgada en la parte baja. ◆ Sobre un clavo de repostería de aproximadamente 5 cm de diámetro, hacer presión con el puré formando una pirámide maciza que ocupe toda la base del clavo y con una altura de 5 cm. Colocar la manga lo más verticalmente posible. Prolijar con ayuda de los dedos la pirámide de puré. ◆ Para formar el capullo girar el clavo en contra del sentido de las agujas del reloj mientras que con la otra mano, que debe mantenerse fija, se presiona la manga envolviendo la pirámide de puré como si fuera una bufanda. ◆ Para realizar los pétalos mantener la manga en forma vertical, levemente inclinada, marcar curvas que superen la altura del capullo. Si son pimpollos, marcar sólo dos pétalos encontrados. Si es una rosa mediana trazar tres pétalos contorneando el capullo. Parar realizar una rosa grande formar el capullo, marcar tres pétalos, luego cinco pétalos y seguir agrandando la flor, aumentando la cantidad de pétalos en forma impar.

Paneras de pan

2 MEDIANAS O 1 GRANDE

INGREDIENTES

Levadura de cerveza, 15g
Huevo, 1
Azúcar, 1 cucharada
Agua, 250cc

Manteca, 30g
Harina 000, 500g
Sal, 1 cucharada colmada

◆ Diluir la levadura con el huevo y el azúcar, agregar el agua a temperatura ambiente, la manteca y la harina con la sal. Tomar la masa, amasar y dejarla descansar tapada sobre la mesada 10 minutos. ◆ Forrar la parte exterior del molde elegido con papel metalizado. ◆ Estirar la masa no muy fina y acomodarla sobre la parte externa (forrada) del molde, prolijar el contorno con un cordón preparado con la misma masa. ◆ Pincelar todo con huevo y, si se desea, cortar con cortapastas flores o rombos de masa y adherirlas al cesto.
◆ Para la manija, dar forma curva a un alambre fino y envolverlo con masa.
◆ Apoyar el molde y la manija sobre una placa de horno y cocinar a temperatura moderada hasta que la masa esté bien seca y dorada. ◆ Dejar enfriar, retirar con cuidado la masa del molde y dejar el papel metalizado en su interior ya que preserva la masa de los elementos con los que se pueden rellenar, por ejemplo pequeños panecillos, ensaladas, e incluso platos calientes.

Cuerno de la abundancia

◆ Tapizar con papel metalizado el molde de cuerno de la abundancia o realizarlo en forma casera armando con hojalata un cono. Estirar la masa, cortar tiras y envolver el molde superponiendo las tiras. Decorar si se desea con flores hechas con cortapastas, hojas y un cordón de masa alrededor de la boca del cuerno. Pincelar con huevo y cocinar igual que las paneras de pan.

Lechoncito de gala

30 PORCIONES

INGREDIENTES
Lechón de 10 kilos, 1

PARA EL ADOBO
Dientes de ajo, 6
Perejil, 1 taza
Ají molido, 2 cucharadas
Orégano, 2 cucharadas
Pimentón dulce, 2 cucharadas

PARA LA SALSA CRIOLLA
Cebolla, 1
Ají verde, 1
Ají rojo, 1
Tomates, 2
Orégano, 1 cucharada
Ají molido, 1 cucharada
Vinagre, 1 taza
Aceite, 1 taza
Sal, a gusto

◆ Cocinar y deshuesar el lechón (véase lechón deshuesado, pág. 64). ◆ Retirar con las manos toda la carne el lechón, cuidando de no romper el cuero. ◆ Colocar sobre la mitad del cuero, que debe estar completamente limpio, es decir, sin nada de carne, un cilindro de papel bien grande recubierto con papel aluminio. ◆ Doblar el cuero por la mitad cubriendo el cilindro de papel (véase dibujo). De esta forma se consigue aparentar que el lechón está entero. Acomodarlo en una fuente alargada. ◆ Cortar la carne del lechón en trozos pequeños y parejos, como para poder servirlo con palillos, colocarlos en la misma fuente. ◆ Picar y mezclar bien todos los ingredientes del adobo y colocarlo en un bol. ◆ Para la salsa criolla cortar en juliana la cebolla, los ajíes y los tomates, mezclar con el resto de los ingredientes y colocar en otro bol, para que cada comensal, condimente su porción con la salsa que elija.

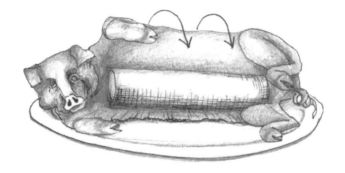

Fuente de langosta gelée

6 PORCIONES

INGREDIENTES

Langosta de 2 kilos, 1
Sal, tomillo, laurel y ajo, cantidad necesaria
Vino blanco seco, 200cc
Gelatina sin sabor, 14g
Aceitunas negras y morrón, para decorar
VARIOS: Palmitos, puntas de espárragos, tomate *concassé*, mayonesa, crema de leche, sal y pimienta

◆ Lavar la langosta y atarla con un piolín grueso de cocina. ◆ Colocar en una cacerola con abundante agua 3 o 4 cucharadas de sal gruesa, agregar un trozo de tomillo, laurel, 4 o 5 dientes de ajo y el vino, hacer hervir 5 minutos e introducir la langosta, cocinar 25 minutos. ◆ Retirar la langosta y prensarla ligeramente, dejarla enfriar. Sacarle las piezas gruesas y abrirla por la parte de la panza desde la cabeza a la cola. Retirar con cuidado la carne de la carcasa desechando las vísceras que se encuentran en la parte de la cola. ◆ Cortar la carne de la langosta en medallones, reservarlos. Abrir las pinzas grandes y extraer la carne que contienen, reservar. ◆ Filtrar una taza del caldo de cocción y mezclarlo con la gelatina, calentar y dejar enfriar hasta que tome punto de jarabe. ◆ Decorar cada medallón de langosta con las aceitunas y morrones, pincelar varias veces con la gelatina para abrillantar bien. ◆ Mezclar la carne de las pinzas de la langosta con 2 tazas de palmitos, 2 tazas de puntas de espárragos y 2 tazas de tomate *concassé*. Condimentar con 4 cucharadas de mayonesa, 50g de crema batida a medio punto, sal y pimienta. ◆ Acomodar la carcasa de la langosta en una fuente, delante de ella distribuir la ensalada y sobre ella acomodar en forma escalonada los medallones de langosta.

Tren de queso

◆ Seleccionar un queso barra de consistencia firme y de ángulos bien marcados. Si los ángulos son redondeados, la pasta es blanda y el trabajo se deforma. ◆ Cortar 5 porciones de queso de 4 cm cada una y una porción de 3 cm. Reservar el queso sobrante. Con las 5 porciones se realizan los vagones y la base de la locomotora. ◆ Para armar la locomotora superponer la porción de 4 cm y sobre ella la de 3 cm como lo indica el dibujo. ◆ Con el queso sobrante reservado cortar una porción de 5 cm. Partirla por la mitad a lo ancho, cortar un cilindro y las ventanas (véase dibujo). ◆ Las chimeneas se realizan con trocitos de salchichas de viena, al igual que los ejes. Sujetarlos a la locomotora con palillos. ◆ Las ruedas se realizan con rodajas de salchichón y los vidrios con tiritas de *pickles* ondulados. ◆ El humo se puede imitar con copetes de queso blanco. ◆ Para formar el vagón se corta la porción de queso, dejando un borde de 1 cm. Antes de retirar el centro, cuadricularlo y luego retirar los cubitos de queso, cuidando de no romper la base. ◆ Colocar debajo de cada vagón un trozo de salchicha imitando los ejes. Adherirle luego las 4 ruedas ◆ La carga de este tren es optativa, si es para fiestas infantiles o para jóvenes, colocar palitos salados, maníes, aceitunas, papas fritas. Si es para otra ocasión combinar los cubos de queso con ananá, palmitos, cerezas, rollitos de jamón, etc.

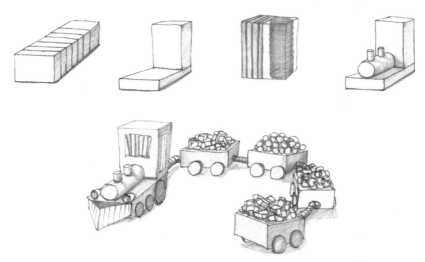

Tabla de quesos saborizados

Queso al whisky: Elegir un trozo de queso de 5 cm de alto por el ancho del queso. Rociarlo con abundante whisky, espolvorearlo con nuez moscada, envolverlo en papel film y mantener en heladera 2 días. Luego cortarlo en dados, rodajas o bastones

Quesos especiados: Elegir un trozo de queso de 5 cm de alto, fraccionarlo en 3 partes iguales. Pintar cada una con aceite de oliva. Pasar uno de los trozos por orégano seco, otro por provenzal y el último por ají molido. Macerarlos por lo menos 2 o 3 horas. Al queso de ají molido retirarle el excedente. Fraccionar cada trozo en porciones de 1 cm.

Queso a la pimienta: Presionar las esquinas de un trozo de queso con pimienta recién molida. No se debe pintar con aceite porque el picante se potencia. Dejarlo macerar y cortarlo.

Queso al licor: Se pueden macerar quesos con coñac, *cointreau*, vino oporto. Elegir licores secos o frutados, dejarlos macerar y cortar.

Armado de tablas de quesos

◆ Para mejorar el colorido de la fuente, intercalar los quesos con frutas y vegetales torneados (véase págs. 227 a 234) o fiambres. Es importante combinar los distintos sabores, por ejemplo no colocar ananá junto a queso roquefort o quesos al orégano; las frutas combinan mejor con quesos a la pimienta, al whisky o saborizados con licor. El queso *gruyère* puede combinarse con sabores suaves o fuertes, por ejemplo ananá o longaniza. Cuando en un arreglo hay quesos saborizados con gustos muy diferentes, se los puede neutralizar colocando en el centro rodajas de un queso común, sin condimentar. Las tablas de queso se pueden decorar con un melón o sandías talladas (véanse págs. 231 y 226).

Cascada de ave, jamón y pionono

40 PORCIONES

◆ Filetear 12 supremas cocidas, obteniendo 4 rodajas de cada una. ◆ Sobre rodajas de jamón cocido cortadas gruesas, acomodar una rodaja de pollo, untar con mayonesa, rociar con gelatina tibia y arrollar el jamón cubriendo la porción de ave. Repetir esta operación hasta obtener por lo menos 40 porciones. Pincelar el jamón con gelatina y mantener en heladera. ◆ Cubrir 2 planchas de pionono (véase pág. 258) de 30 x 40 cm con queso blanco untable, morrones al natural, palmitos, aceitunas rellenas, queso de máquina. Rociar todo con mayonesa y gelatina sin sabor diluida y fría. Arrollar, ajustar bien y mantener en heladera 2 horas. Luego cortar en rodajas de 2 cm, se obtienen aproximadamente 20 rodajas. ◆ Para armar la cascada se necesita 1 óvalo de telgopor de 80 cm de base, 1 rectángulo de telgopor de 20 x 35 cm y 1 triángulo en forma de cuña de 10 x 20 cm. ◆ Superponer el rectángulo sobre el óvalo, colocar encima de éste el triángulo. (Véase dibujo.) ◆ Acomodar los rollos de jamón y pollo ligeramente superpuestos entre sí desde un extremo del óvalo hasta el extremo superior del triángulo. ◆ Contornear todo el jamón con rodajas de pionono. Cubrir los espacios vacíos con hojas de lechuga crespa y medias rodajas de ananá. ◆ Completar la decoración con cerezas al marrasquino o frescas y racimos de uvas.

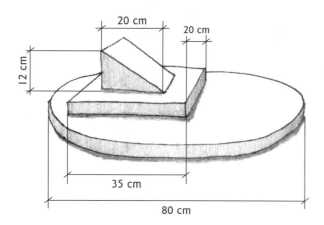

La canasta de arroz con rosas de jamón de tía Isidora

20 PORCIONES

◆ Preparar una ensalada de arroz con los ingredientes deseados o una ensalada rusa enriquecida con palmitos, atún, manzanas, etc. ◆ Acomodar la ensalada en un extremo de una fuente plana, sin zócalo dándole volumen y forma de canasta. Si se desea, decorar con mayonesa puesta en cartucho de papel trazando un enrejado. ◆ Marcar la manija con rodajitas de zanahoria cocida superpuestas entre sí. Realizar el moño con pepino crudo cortado a lo largo con pelapapa, luego modelarlo e introducirlo en agua helada. Unir las partes del moño pegándolas con gelatina sin sabor. ◆ Para las rosas de jamón crudo y cocido extender las tajadas sobre la mesa, doblar la tajada por la mitad a lo largo para darle más volumen. Doblar un extremo formando un ángulo recto y arrollar (véase dibujo). Del mismo modo se preparara las rosas con queso de máquina. ◆ Acomodar las rosas en el contorno superior de la canasta combinando los colores y alternando con tallos y hojas tiernas de apio.

> **Nota** *Para que la manija resulte brillante, pasar cada rodajita, a medida que se disponen en la fuente, por gelatina sin sabor.*

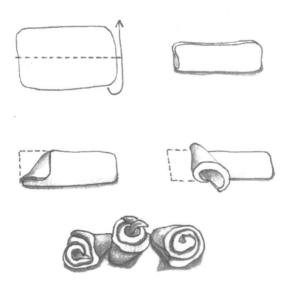

Rosas de chocolate y fondant

INGREDIENTES
Fondant, 250g
Fécula de maíz, 1 cucharada
Chocolate cobertura, 250g

◆ Amasar el *fondant* con la fécula, incorporar suavemente en pequeñas porciones el chocolate cobertura, fileteado, derretido y frío, amasar hasta que penetre dentro del *fondant*. Dejar descansar 15 minutos tapado con polietileno. ◆ Estirar la masa de 4 mm de espesor con palote con la mesada ligeramente espolvoreada con fécula de maíz. Cortar medallones con cortapasta de 3 a 5 cm de diámetro. ◆ Presionar suavemente con los dedos cada medallón, afinando solamente el contorno superior. ◆ Colocar cada pétalo en la palma de la mano y ahuecar ligeramente el centro con ayuda del dedo anular de la otra mano (dibujo 1). ◆ Arrollar suavemente dando apenas un movimiento al pétalo tipo rollo de pergamino (dibujo 2). ◆ Tomar una porción de masa del tamaño de una aceituna grande y afinarle un extremo dándole forma de gota (dibujo 3). ◆ Para realizar un pimpollo, sobre la forma de gota, enfrentar dos pétalos sin cruzarlos entre sí (dibujos 4 y 5). ◆ Para formar el capullo arrollar el pétalo ya modelado sobre el contorno de la gota cuidando que en la superficie resulte bien cerrado. ◆ Para realizar una rosa, comenzar directamente a partir del capullo con 3 pétalos ligeramente superpuestos entre sí, colocando cada nuevo pétalo en la mitad del anterior (dibujos 6 y 7). Luego 5 pétalos y seguir agrandando la cantidad de pétalos en forma impar. ◆ Las hojas se realizan con la misma masa cortando con cortapasta de hojas y presionando sobre un marcador de nervaduras o sobre alguna hoja fresca. ◆ Para armar los ramos se comienza por los pimpollos y se continúa aumentando el tamaño de las rosas, intercalando hojas y finalizar con un moño.

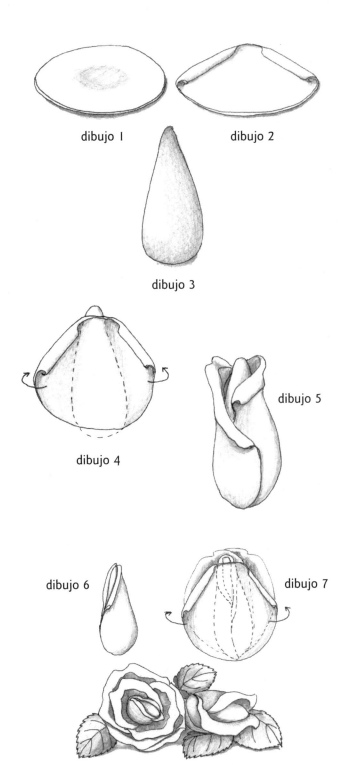

Presentación de bandejas | 245

Hojas de chocolate

INGREDIENTES
Chocolate cobertura, 150g
Hojas frescas (de parra, rosa), cantidad necesaria

◆ Derretir el chocolate cobertura a baño de María sin que hierva el agua, retirar del calor y dejar reposar hasta que se entibie. ◆ Pintar con el chocolate el revés de 6 a 8 hojas frescas bien lavadas y secas, seleccionar aquellas que tengan las nervaduras bien marcadas. ◆ Dejar solidificar y despegar con cuidado las hojas de chocolate.

Huevos hilados o cabello de ángel

INGREDIENTES
Azúcar, 300g
Glucosa, 1/2 cucharada
Yemas, 8

◆ Colocar en una cacerola el azúcar cubierto con agua y la glucosa, hacer hervir hasta que tome punto de hilo flojo, es decir, cuando al tomar el almíbar entre dos dedos y separarlos se forme un hilo que se rompa. ◆ Previamente filtrar por un colador las yemas, colocarlas en el embudo especial o en un cartucho de papel manteca. Dibujar sobre el almíbar hilos en forma circular, dejarlos cocinar unos segundos y retirarlos con espumadera, sumergirlos en agua fría, escurrirlos sobre repasador. Agregar al almíbar un chorrito de agua fría para que no pierda su punto, hacer hervir y repetir hasta finalizar con las yemas.

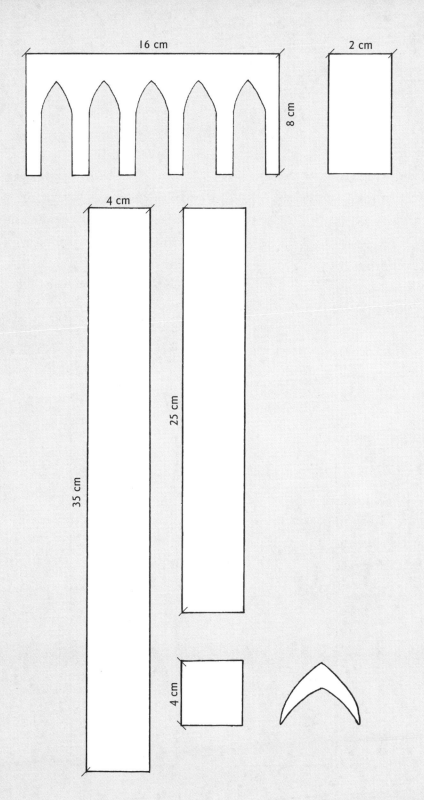

Capítulo 13

Salsas, masas y cremas básicas

Salsa bechamel o salsa blanca

INGREDIENTES

Manteca, 50g
Harina, 40g
Leche, 700cc
Sal, pimienta y nuez moscada, a gusto

◆ Cocinar la manteca con la harina formando un *roux*, añadir la leche caliente revolviendo siempre, condimentar con nuez moscada y pimienta.

Algunas variantes

Salsa mornay: Salsa *bechamel* con el agregado de 200g de queso *gruyère* rallado.
Salsa soubise: Cocinar en la manteca 1 cebolla picada, agregar la harina y la leche, condimentar y cocinar.
Salsa velouté: La misma salsa pero utilizando 700cc de caldo de carne, de ave o de pescado en reemplazo de la leche.

Salsa demi-glacé

INGREDIENTES

Agua, 500cc
Caldo concentrado de gallina, 1 cubo
Conserva de tomate, 1 cucharada
Extracto de carne, 1 cucharada
Pimienta en grano, a gusto
Fécula de maíz, 1 cucharada
Vino oporto o Marsala, 1 vaso

◆ Cocinar el agua con el cubo de caldo, la conserva, el extracto de carne y unos granos de pimienta durante 8 a 10 minutos. ◆ Diluir la fécula con el oporto o Marsala, agregar el caldo y cocinar revolviendo hasta obtener una crema suave.

> **Nota** La auténtica salsa demi-glacé, tal como se la prepara en hotelería, resulta muy complicada de elaborar para el ama de casa, ya que debe tostarse la harina y utilizar un medio líquido obtenido de una larga cocción oscura de ternera, huesos y aves, legumbres cortadas, vino y puré de tomates.

Salsa mayonesa

INGREDIENTES

Yema, 1
Huevo, 1
Sal y pimienta, a gusto

Jugo de limón, 2 cucharadas
Mostaza, 1 cucharadita
Aceite, 1 taza

◆ Colocar en el vaso de la licuadora la yema y el huevo, condimentar con sal, pimienta, el jugo de limón y la cucharadita de mostaza. ◆ Licuar y añadir lentamente el aceite.

Algunas variantes

Salsa golf: Salsa mayonesa más 1 cucharada de salsa *ketchup* y 1/2 cucharada de salsa inglesa.

Salsa tártara: Salsa mayonesa con el agregado de 6 pepinitos en vinagre picados, 3 cucharadas de alcaparras, 2 huevos duros picados y 1 cucharada de perejil picado.

Salsa para Vitel Thonné: Salsa mayonesa con el agregado de unas anchoas bien picadas (desmenuzadas) y 1 lata de atún desmenuzado (reducido a puré). Rebajar esta mezcla con un poco de aceite, vinagre y dos cucharadas de leche. Esta salsa queda muy homogénea y pareja si se la realiza en la licuadora. Para ello se pone mayonesa, se le agregan las anchoas y el atún, se licua y se le agrega un poco de vinagre, aceite y dos cucharadas de leche (o yogur) para hacerla más liviana.

Salsa con yogur para ensaladas: Mezclar un pote de yogur natural con una cucharadita de mostaza, 2 cucharadas de mayonesa, sal, 1 cucharada de jugo de limón y 1/2 cucharada de cebolla rallada.

Salsa de tomate

INGREDIENTES

Aceite, 3 cucharadas
Cebolla, 1
Dientes de ajo, 1
Tomates, 500g

◆ Rehogar en el aceite la cebolla y el diente de ajo picados, agregar los tomates pasados por agua caliente, pelados, sin las semillas, y picados. ◆ Condimentar con sal y 1 pizca de azúcar, cocinar a fuego lento de 6 a 7 minutos.

Algunas variantes dietética

◆ Licuar la cebolla, el ajo y los tomates, colocar en un recipiente con 1 cucharada de aceite, sal, 1 pizca de azúcar y alguna hierba aromática. ◆ Cocinar a fuego suave de 6 a 7 minutos.

> **Nota:** Se puede enriquecer su sabor con el agregado de 3 o 4 cucharadas de vino blanco, orégano, perejil o 1 cucharada de albahaca picada. Utilizar esta salsa para acompañar pastas, arroz y budines.

Salsa boloñesa diferente

INGREDIENTES

Tomates, 400g
Cebollas, 400g
Zanahoria, 1
Tallo blanco de apio, 1
Manteca, 50g
Carne picada, 400g
Vino blanco, 200cc
Sal y pimienta, a gusto
Laurel, 1 hoja

◆ Pelar los tomates pasándolos por agua hirviendo. Sacarles las semillas y picarlos. ◆ Pelar y picar las cebollas, rallar la zanahoria y picar muy fino el tallo de apio. ◆ Fundir la manteca y dorar en ella la cebolla. ◆ Añadir la zanahoria y el apio, cocinar 5 minutos y añadir la carne picada. Continuar la cocción 5 minutos más y rociar con el vino, cocinar hasta que reduzca y agregar los tomates. ◆ Perfumar con el laurel, salpimentar y seguir la cocción 1 hora aproximadamente a fuego lento.

Salsa de puerros

INGREDIENTES

Puerros, 3 cabecitas de 6cm
Queso crema, 200g
Crema de leche, 200g
Sal, pimienta y nuez moscada, a gusto

◆ Colocar en la licuadora las cabecitas de puerro y el queso crema; procesar a punto pomada e ir agregándole suave y lentamente la crema de leche hasta obtener el punto (debe resultar corrediza). ◆ Sazonar con sal, pimienta y nuez moscada. ◆ Utilizar fría o caliente.

 También puede prepararse con cebollitas de verdeo en lugar de puerros.

Salsa de apio, queso y nuez

INGREDIENTES

Apio, 10 tallos tiernos
Queso tipo Filadelfia, 200g
Crema de leche, 200cc
Pimienta blanca, 1/2 cucharadita
Nueces molidas, 4 cucharadas

◆ Retirar los hilos del apio. ◆ Colocar la mitad de los tallos en la procesadora junto con el queso y la crema. ◆ Procesar unos segundos hasta que se una y quede un punto suave y corredizo. ◆ Sazonar con la pimienta, agregar las nueces y el apio reservado cortado en fina Juliana.

 Es ideal para acompañar fiambres, aves y ensaladas.

Salsa agridulce fácil

INGREDIENTES

Ketchup, 1 taza
Mayonesa, 1 taza
Azúcar molido, 1 cucharada

Clavo de olor, 1/2 cucharada
Pimienta, 1 cucharada
Caldo de verdura, 1 taza

◆ Colocar en una cacerolita el *ketchup*, la mayonesa y el azúcar. ◆ Calentar e incorporar luego el caldo. ◆ Cocinar durante 5 minutos y por último sazonar con la pimienta y el clavo de olor.

Salsa de naranjas

INGREDIENTES

Naranjas, 4
Azúcar, 100g
Caldo de ave, 500cc

Sal y pimienta, a gusto
Licor de naranja, 2 cucharadas
Manteca fría, 50g

◆ Rallar la piel de las naranjas y apartar la mitad. Exprimirlas y colar el jugo. Acaramelar el azúcar y añadir el jugo de naranjas junto con el caldo de ave, incorporar la ralladura de naranja. ◆ Reducir a la mitad, salpimentar y perfumar con el licor. Pasar la salsa por tamiz. Por último agregar la manteca bien fría en trocitos y servir rápidamente.

> *Nota*: Es ideal para acompañar carne de pavo o pollo; después de cubrir con la salsa, espolvorear con la ralladura de naranja restante.

Salsa glacé de ananá

INGREDIENTES

Mostaza, 1 taza
Mayonesa, 1 taza
Azúcar, 100g
Ananá, 1 lata

◆ Colocar en un recipiente la mostaza, la mayonesa y el azúcar, mezclar bien y llevar a fuego mediano. ◆ Cuando comience a hervir agregar de a poco el jugo de ananá y por último las rodajas partidas en cuartos. ◆ Cocinar durante 5 minutos más y retirar del fuego. ◆ Se puede utilizar caliente, tibia o fría.

Salsa de frambuesas a las tres pimientas

INGREDIENTES

Mermelada de frambuesa, 1 frasco
Jugo de 2 naranjas
Granos de pimientas de distintos colores, 1 cucharada

◆ Cocinar todo junto hasta que rompa el hervor. ◆ Retirar del fuego y utilizarla caliente o fría.

Nota: Esta salsa es original, muy fácil de preparar y resulta ideal para acompañar fiambres, aves o cerdos.

Masa de empanadas para horno (igual que la masa comprada)

INGREDIENTES

Harina, 500g
Sal, 1 cucharadita

Margarina o grasa, 125g
Agua, 170cc

◆ Cernir la harina con la sal, agregar 100g de margarina o grasa a temperatura ambiente y el agua natural, tomar la masa amasando bien (puede hacerse en batidora con el gancho amasador). ◆ Estirar la masa hasta que alcance 1/2 cm de espesor, untarla con el resto de margarina o grasa y espolvorear con harina. ◆ Doblar en tres partes, estirar nuevamente de un espesor de 3 a 4 mm y cortar discos del diámetro deseado con ayuda de un cortapasta. ◆ Distribuir sobre cada uno el relleno, pintar el reborde con huevo, cerrar la empanada, formar el repulgue y acomodar sobre placas untadas con margarina. ◆ Pintar la superficie de las empanadas con huevo o pimentón diluido en leche. ◆ Cocinar en horno caliente hasta que estén doradas.

> **Nota** Esta masa se puede utilizar para preparar tartas o pasteles; en ese caso dividir el bollo en dos partes y estirarlas de la medida apropiada para cubrir la tartera o asadera que se desee usar.

Masa soufflée para empanadas fritas

2 DOCENAS

INGREDIENTES

Harina, 500g
Azúcar, 1/2 cucharadita
Levadura de cerveza, 30g
Agua tibia, 275cc
Sal, 1 cucharadita
Manteca, 60g
Huevo, 1

◆ Cernir la harina con el azúcar y la levadura de cerveza formando un polvo. Agregar el agua tibia con la sal, la manteca a temperatura ambiente y el huevo. ◆ Tomar la masa, amasar bien, dejarla descansar tapada 10 minutos y luego estirarla bien fina. ◆ Cortar medallones con ayuda de un cortapasta de 10 cm de diámetro, rellenarlas con la preparación elegida. Cerrarlas, formar el repulgue y freírlas en aceite. ◆ Escurrirlas sobre papel y espolvorearlas con azúcar o sal según el relleno.

Masa con levadura (para tartas o pasteles)

INGREDIENTES

Levadura de cerveza, 20g
Harina, 500g
Azúcar, 1 cucharada
Agua tibia, 350g
Sal, 1 cucharadita colmada
Manteca, 75g

◆ Colocar la levadura en un bol. ◆ Mezclar la harina con el azúcar, agregar 3 o 4 cucharadas de esa harina a la levadura, desgranar con la mano hasta formar un polvo, añadir el resto de harina, mezclar bien. ◆ Incorporar el agua tibia con la sal, agregar la manteca a temperatura ambiente amasando bien. ◆ Debe obtenerse una masa tierna pero que no se pegue en las manos. Dejarla reposar tapada sobre la mesada 20 minutos, luego utilizar.

Nota: *Esta masa rinde para dos tartas o un pastel.*

Masa básica para tartas o masas secas (para uso comercial)

INGREDIENTES

Harina común, 1 kilo
Harina leudante, 1 kilo
Azúcar impalpable, 1 kilo
Manteca, 1 kilo
Huevos, 8
Esencia de vainilla, 1 cucharada
Ralladura de piel de limón, cantidad necesaria
Miel, 1 cucharada

◆ Colocar en forma de corona la harina común, la harina leudante y el azúcar impalpable. ◆ Acomodar en el centro el azúcar impalpable, la manteca a temperatura ambiente, los huevos, la esencia, la ralladura y la miel. Trabajar los ingredientes del centro, incorporando las harinas, unir sin amasar demasiado. ◆ Dividir en cuatro partes y llevar tapada a heladera por lo menos 2 horas. ◆ Para utilizarla estirar la masa de 1 cm de espesor, forrar el molde elegido previamente enmantecado y enharinado. ◆ Pinchar la base y cocinar a temperatura moderada 10 minutos, sólo hasta que se despegue de las paredes del molde. No tiene que dorarse, porque cuando se enfría resulta seca. ◆ Con esta proporción se obtienen 12 tartas de 22 cm de diámetro. Se puede utilizar para pasta frola, tortas de ricota o *cheesecake* pintando la superficie con huevo batido. ◆ Esta masa se puede utilizar para realizar masas secas. Se puede variar su sabor aromatizando la masa cruda con ralladura de cítricos, café instantáneo, especias de repostería, nueces o almendras molidas, esencias. Si se agrega cacao dulce o amargo, reemplazar 100g de harina por 100g de cacao.

> **Nota** Esta masa se puede conservar envuelta en polietileno hasta 1 mes en heladera y 3 meses en freezer. Si se guarda en freezer es conveniente fraccionarla para desfreezar la porción a utilizar.

Masa de tarteletas

40 UNIDADES

INGREDIENTES
Harina, 200g
Polvo para hornear, 1 cucharadita
Sal, 1 pizca
Margarina, 100g
Agua helada, 4 cucharadas

◆ Tamizar la harina con el polvo para hornear y la sal, agregar la margarina y desmigarla hasta formar una preparación arenosa. Incorporar el agua helada y unir sin amasar. Dejar descansar tapada en heladera por lo menos 30 minutos. ◆ Estirar la masa bien fina, forrar moldes de tarteletas enmantecados y enharinados. Cocinar 10 minutos en horno precalentado. Apenas estén doradas, retirarlas y desmoldarlas. ◆ Estas tarteletas una vez frías se pueden guardar en latas o en el freezer. Se utilizan para rellenos dulces o salados.

Masa de tarteletas dulces

60 UNIDADES

INGREDIENTES
Harina, 125g
Polvo para hornear, 1/2 cucharadita
Margarina, 60g
Azúcar, 40g
Yemas, 2
Sal y canela, 1 pizca
Ralladura de 1/2 limón
Azúcar impalpable, cantidad necesaria

◆ Tamizar la harina con el polvo para hornear, agregar el azúcar, la margarina y las yemas. Añadir la sal, la ralladura y la canela. ◆ Amasar hasta formar una masa firme, colocar tapada en heladera, tapada, 20 minutos. ◆ Estirarla y forrar moldecitos de tarteletas enmantecados. Pinchar el fondo de la masa con tenedor y espolvorear con azúcar impalpable. Cocinar 10 minutos a 180°C. Desmoldarlas con cuidado y dejarlas enfriar.

 Con esta misma masa se pueden cortar pequeños medallones, cocinarlos y armar alfajorcitos.

Pionono base y sus variantes

INGREDIENTES
Huevos, 4
Azúcar, 4 cucharadas
Harina, 4 cucharadas
Esencia de vainilla, 1 cucharadita

◆ Batir a blanco los huevos, es decir, hasta que aumenten el doble de su volumen, agregar el azúcar en forma de lluvia mientras se sigue batiendo 2 minutos más. ◆ Retirar de la batidora y agregar la harina muy lentamente, con movimientos envolventes, perfumar con esencia de vainilla. ◆ Verter esta preparación sobre una placa número 4 forrada en papel enmantecado y enharinado. ◆ Cocinar en horno a temperatura máxima durante 7 minutos.

Pionono de chocolate

◆ Seguir los pasos de pionono base y agregar cada 4 huevos 2 cucharadas soperas de cacao alternadas con la harina.

Pionono rayado

◆ Preparar un batido de vainilla y dividirlo en dos partes. Agregar a una mitad cacao amargo para que resulte bien oscuro. Colocar ambas preparaciones en dos mangas con boquilla lisa. Sobre una placa forrada con papel enmantecado y enharinado trazar diagonales alternando pasta de vainilla y de chocolate (véase dibujo).

Notas El pionono es una masa finita que lleva solamente 1 cucharada de azúcar y 1 cucharada de harina por cada huevo. Esta fórmula es la que se utiliza en panaderías y confiterías.

El agregado de miel en el batido da elasticidad a la masa. Debe cocinarse también en horno caliente y cubrir el pionono enseguida de retirarlo del horno con una asadera, en esta forma el vapor y la humedad que se concentran hacen que la masa se contraiga. Esta masa puede guardarse hasta 4 o 5 días sin sacarle el papel, manteniendo el piono tapado con una asdera.

El agregado de 1 cucharadita de miel y cubrir el pionono con una asdera al retirarlo del horno hacen que la masa se contraiga y tome una textura elástica maleable.

Para quitar el papel sin dificultad después de que la masa esté fría pasar por el papel el canto de un cuchillo, de esta manera circulará aire entre el papel y el pionono.

El pionono es una masa que puede utilizarse también para platos salados; en este caso no pefumar la masa con esencia y agregar 1 cucharadita de sal al batido.

Es ideal para preparar masitas en serie, muy ricas y prácticas para reuniones, cumpleaños o fiestas infantiles.

Cuando los piononos van a utilizarse como capas de un postre, se recomienda no arrollarlos porque merman su tamaño.

Bizcochuelo de vainilla

8 PORCIONES

INGREDIENTES

Huevos, 6
Azúcar, 200g
Harina leudante, 200g
Esencia de vainilla, 1 cucharadita

◆ Batir enérgicamente los huevos, en la mitad del batido añadir el azúcar en forma de lluvia y seguir batiendo hasta que tome punto cinta o punto letra. ◆ Perfumar con la esencia a gusto, luego incorporar la harina cernida sobre la preparación y mezclar con movimientos suaves y envolventes. ◆ Colocar la preparación en un molde de 22 cm de diámetro enmantecado y enharinado. ◆ Cocinar 30 minutos en horno precalentado a temperatura mínima. No abrir el horno durante la cocción para que la preparación no se baje.

Bizcochuelo de chocolate

◆ Agregar a la preparación 2 cucharadas bien colmadas de cacao amargo y 25g de manteca fundida o aceite neutro; el cuerpo graso acentúa el color y el sabor del chocolate.

Notas

El punto cinta se reconoce cuando al levantar el batidor, la mezcla cae en forma de cinta.

Si se realiza el batido a mano, poner los huevos con el azúcar en un bol, colocar éste dentro de una cacerola con agua caliente y llevarlo sobre fuego sin dejar que el agua hierva. Batir con batidor de alambre hasta que aumente al doble de su volumen y tome punto cinta. Retirar el bol del agua y seguir batiendo hasta que la preparación esté fría. Continuar con el procedimiento en la forma indicada.

Cómo obtener una torta rellena perfecta

1. Forrar siempre los moldes con acetato o polietileno. Si el molde es redondo, colocar primero una base y luego una tira en todo el contorno.

2. Visualmente queda muy bien armar la torta alternando capas de bizcochuelo o pionono de vainilla y de chocolate. También pueden agregarse placas de hojaldre o de merengue.

3. Para humedecer las capas de la torta es conveniente que el almíbar se unte con un pincel, así quedará distribuido en forma uniforme y en cantidad justa.

4. Al colocar el relleno, distribuir en el centro una porción bien abundante, tapar con otra capa de bizcochuelo y presionar para que la crema llegue a las paredes del molde formando un nivel perfecto.

5. Es importante presionar la última capa de la torta para que resulte lo más compacta posible.

6. Después de rellenar la torta, colocar en heladera como mínimo de 2 a 3 horas antes de decorar.

7. Estas tortas se cortan perfectamente con cuchillo eléctrico o serrucho.

8. Las tortas se pueden preparar con anticipación y freezarlas hasta 6 meses antes, empaquetadas con doble capa de polietileno y papel aluminio. Para utilizarlas, retirarlas 24 horas antes y mantenerlas en heladera.

Crema pastelera consistente para relleno de postres

INGREDIENTES

Huevos, 2
Azúcar, 250g
Harina, 6 cucharadas colmadas

Leche, 1 litro
Manteca, 1 cucharada

◆ Batir los huevos con el azúcar, incorporar la harina alternando con una taza de la leche para diluir la preparación. ◆ Colocar sobre fuego el resto de leche, cuando esté a punto de hervor, verter la otra preparación, cocinar 2 o 3 minutos revolviendo siempre con cuchara de madera. Retirar del fuego y agregar la manteca. ◆ El agregado de manteca permite que no se forme una película sobre la superficie de la crema.

Algunas variantes

De chocolate: Agregar a la leche 3 cucharadas de cacao amargo.

De café: Agregar a la leche 2 cucharadas de café soluble.

De naranja: Reemplazar la mitad de la leche por 500cc de jugo de naranja. Perfumar con ralladura de naranja.

De dulce de leche: Agregar a la crema, en caliente, 3 cucharadas de dulce de leche y mezclar muy bien.

De coco: Agregar a la crema, cuando se esté cocinando, 100g de coco rallado y perfumar con esencia de coco.

De falso marrón: Reducir 100g de azúcar de la receta base y agregar 200g de dulce de batata pisado y 4 cucharadas de nueces picadas.

Crema básica con manteca y yemas

INGREDIENTES

Manteca, 250g
Yemas, 2
Azúcar impalpable, 200g
Esencia de vainilla, 1 cucharadita

◆ Batir la manteca a temperatura ambiente hasta que tenga punto pomada, agregar de a una las yemas hasta suavizar la preparación, incorporar el azúcar y la esencia de vainilla. La crema tiene el punto adecuado cuando el azúcar se disuelve completamente y toma un aspecto espumoso y blanquecino.

Algunas variantes

Crema moka: Agregar a la crema básica 2 cucharadas de café instantáneo y 1 cucharada de licor de café.

Crema de chocolate: Añadir a la crema básica 150g de chocolate para taza derretido y tibio.

Crema de avellanas: Agregar a la preparación base 75g de avellanas tostadas y molidas.

Crema al caramelo: Colocar sobre fuego 100g de azúcar hasta que tome punto caramelo. Agregar 3 o 4 cucharadas de agua caliente, mezclar para obtener salsa caramelo, dejar enfriar e incorporar a la crema básica de manteca.

Crema de coco: Tostar ligeramente en el horno 50g de coco rallado, agregarlo a la crema básica.

Crema de canela: Incorporar a la crema básica una cucharadita de las de café de canela.

Crema de cítricos: Agregar a la crema básica el jugo de un limón, naranja o mandarina y una cucharada de ralladura de su cáscara.

Crema de amaretti: Agregar a la crema básica 50g de *amaretti* molidos y 1 copita de licor de *amaretto*.

> **Nota:** Otra opción es añadir a la crema básica 1 cucharadita de tamaño de café de polvo concentrado para preparar jugos. Por ejemplo mix de naranja y frutilla, de naranja y mango, de pomelo rosado, de papaya, etc.

Crema básica con postre comprado

INGREDIENTES

Manteca, 250g
Sal, 1 pizca
Azúcar, 150g

Postre de vainilla, 1 paquete
Leche, 500cc
Azúcar, 1 cucharada

◆ Batir la manteca con la sal, incorporar de a poco el azúcar y continuar batiendo hasta obtener una crema homogénea. ◆ Disolver el polvo del postre de vainilla en 1/2 taza de la leche fría. Hervir el resto de la leche junto con la cucharada de azúcar. Añadir el postre diluido y cocinar 1 minuto revolviendo siempre. ◆ Cubrir el postre con un círculo de papel manteca para que no se forme película en la superficie al enfriarse. ◆ Cuando la crema esté fría agregar por cucharadas la preparación de manteca. Las dos deben estar a la misma temperatura para que no se formen grumos.

Crema de limón

INGREDIENTES

Jugo de 4 limones
Ralladura de limón, 1 cucharada
Agua, 300cc más 1 vaso
Azúcar, 250g
Huevos, 2

Fécula de maíz, 2 cucharadas
Harina, 1 cucharada
Esencia de limón, a gusto
Manteca, 150g

◆ Mezclar el jugo de los limones con la ralladura, los 300cc de agua y el azúcar; dejar que hierva. ◆ Batir los huevos con el vaso de agua, la fécula y la harina; verter el jugo hirviente sobre esta mezcla y cocinar revolviendo siempre hasta que rompa el hervor. ◆ Perfumar con la esencia y dejar entibiar.
◆ Agregar la manteca a temperatura ambiente batiendo con cuchara de madera. ◆ Dejarla enfriar y utilizarla para rellenar tortas.

Crema de chocolate al ron (para relleno de tortas)

INGREDIENTES
Crema de leche, 400cc
Chocolate cobertura, 400g
Ron, 3 cucharadas
Nueces, almendras y pasas de uva, a gusto

◆ Calentar la crema sin dejar que rompa el hervor, agregar el chocolate fileteado, mezclar hasta que se integre. ◆ Dejar reposar en heladera por lo menos 30 minutos. Luego batir la crema con el ron hasta que tome cuerpo, mezclar con las nueces y almendras picadas y las pasas de uva.

Crema de chocolate soufflée (para relleno de tortas)

INGREDIENTES
Crema de leche, 500cc
Cacao amargo, 2 cucharadas
Gelatina sin sabor, 7g
Licor de café al coñac, 50cc

◆ Batir la crema con el cacao a medio punto. ◆ Aparte hidratar la gelatina con el licor, calentarla y dejarla entibiar. ◆ Cuando esté casi fría incorporarla lentamente sobre la crema y seguir batiendo hasta obtener punto de chantillí bien firme.

Crema chantillí y sus variantes

INGREDIENTES

Crema de leche, 1 litro
Azúcar molido, 10 cucharadas
Esencia de vainilla, 1 cucharadita (optativo)

◆ Batir la crema en batidora, incorporar el azúcar por cucharadas y seguir batiendo hasta lograr un punto bien firme. Perfumar con la esencia. La proporción indicada para preparar crema chantillí es de una cucharada de azúcar por cada 100g de crema. ◆ Al batir con azúcar común la crema tiene más cuerpo que al hacerlo con azúcar impalpable. ◆ Para modificar el sabor de la crema chantillí se puede reemplazar el azúcar por cacao dulce, gelatina en polvo de frutas, polvo de flan de paquete de vainilla. Por lo tanto por cada 100g de crema se utiliza una cuchara del saborizante elegido. Sólo cuando se utiliza cacao amargo, la crema debe endulzarse con azúcar.

Algunas variantes

Crema chantillí granizada: 500g de crema chantillí batida con 5 cucharadas de azúcar más 100g de chocolate de taza picado y una cucharadita de canela

Crema chantillí al chocolate: 500g de crema chantillí batida con 5 cucharadas de azúcar más 100g de chocolate cobertura derretido y tibio y 100g de nueces molidas.

Crema chantillí al dulce de leche: 500g de crema chantillí más 250g de dulce de leche repostero y 50 g de almendras picadas.

Crema chantillí a la banana: 500g de crema batida con 5 cucharadas de azúcar, más dos bananas pisadas y una cucharada de *cointreau*.

Crema chantillí con ricota: 500g de crema batida con 5 cucharadas de azúcar más 250g de ricota y 100g de nueces molidas.

Crema chantillí con frutillas: 500g de crema chantillí con 5 cucharadas de azúcar más 250g de frutillas procesadas y 7g de gelatina sin sabor diluida en tres cucharadas de jugo de naranja o licor dulce.

Crema chantillí al oporto: 500g de crema chantillí batida con 5 cucharadas de azúcar, más 2 cucharadas de vino oporto y 200g de fruta abrillantada picada.

> **Notas** Para lograr una crema chantillí con cuerpo más firme y más rendidora, batirla en el momento en que se va a utilizar.
> Es conveniente prepararla en un bol frío.

Crema chantillí rendidora

INGREDIENTES
Crema de leche, 200g
Azúcar, 4 cucharadas
Clara, 1
Esencia de vainilla, unas gotas

◆ Batir la crema de leche con 2 cucharadas de azúcar hasta que tome casi punto chantillí. ◆ Batir la clara hasta que esté bien espumosa y agregar en forma de lluvia las 2 cucharadas de azúcar restantes; seguir batiendo hasta obtener un un merengue bien consistente. ◆ Mezclar la crema con el merengue revolviendo suavemente con una espátula y perfumar con la esencia de vainilla.

> **Nota** Esta crema no es apta para decorar con manga, pero como relleno de tortas es muy rica y liviana.

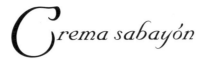

Crema sabayón

INGREDIENTES
Yemas, 5
Azúcar, 5 cucharadas
Vino marsala, 3 cucharadas

◆ Batir las yemas con el azúcar a baño de María, sin que hierva el agua, hasta obtener punto cinta, es decir, que la preparación aumente el doble de su volumen. Perfumar con el vino y batir unos segundos más. ◆ Retirar del baño de María y batir hasta que esté tibio.

Algunas variantes

Sabayón al chantilli: Cuando el sabayón esté frío, mezclar con 200g de crema batida a punto sostenido.

Sabayón al chocolate: Batir las yemas con el azúcar y 3 barritas de chocolate, cuando tome el punto indicado, perfumar con 3 cucharadas de licor de café instantáneo y 2 cucharadas de coñac.

Sabayón a la naranja: Batir las yemas con el azúcar y 2 cucharadas de ralladura de piel de naranja, perfumar con 3 cucharadas de licor de naranja.

> **Nota**
> El vino marsala se puede reemplazar por oporto o vino garnacha.
> Puede servirse frío o tibio, en copas, como postre espolvoreado con canela o nueces.
> Es el complemento ideal para la isla flotante (pág. 186), y también se utiliza para bañar tortas.

Crema soufflée de bananas (para relleno de tortas)

INGREDIENTES

Crema de leche, 500cc
Polvo de postre de banana, 5 cucharadas
Gelatina sin sabor, 7g
Licor de banana, 50cc

◆ Batir la crema con el polvo de banana a medio punto. ◆ Diluir la gelatina en el licor, calentar y dejar enfriar. Cuando esté casi fría incorporarla lentamente sobre la crema y seguir batiendo hasta obtener un punto bien sostenido.

Nota: Se puede variar el sabor de esta crema utilizando polvo de postre de frutilla o de otro sabor, y diluir la gelatina en jerez, oporto u otro licor dulce.

Mousse de dulce de leche

INGREDIENTES

Dulce de leche pastelero, 1 kilo
Crema de leche, 1 kilo
Nueces molidas, 1 taza
Licor de dulce de leche, 1 copa

◆ Batir la crema en un punto bien firme, sin agregarle azúcar. ◆ Agregar lentamente, con movimientos envolventes el dulce de leche pastelero, perfumar con el licor de dulce de leche e incorporarle las nueces molidas o en trozos.

Merengue italiano

INGREDIENTES
Azúcar, 320g
Claras, 4

◆ Colocar el azúcar en un recipiente con 150cc de agua, hacer hervir. Cuando el almíbar tome punto de hilo, comenzar a batir las claras hasta formar un merengue bien consistente. Cuando el almíbar tenga punto de bolita (120°C), verter lentamente sobre las claras mientras se sigue batiendo hasta enfriar.
◆ Perfumar con esencia de vainilla o almendras.

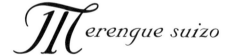
Merengue suizo

INGREDIENTES
Claras, 6
Azúcar, 300g

◆ Batir ligeramente las claras, agregar el azúcar en forma de lluvia y batir a baño de María hasta que, a tocar con un dedo, la preparación esté caliente.
◆ Retirar del agua y batir con batidora hasta obtener un merengue firme y brillante.

 Se utiliza en la decoración de tortas, masitas y todo tipo de postres.

Baño brillante de chocolate

INGREDIENTES
Cacao dulce, 4 cucharadas
Cacao amargo, 4 cucharadas
Gelatina sin sabor, 7g
Café, 5 cucharadas
Coñac u otra bebida, 5 cucharadas

◆ Mezclar el cacao dulce y el amargo. ◆ Diluir la gelatina en 100cc de agua fría, agregar el café hirviente y la bebida también hirviente, mezclar y dejar reposar 1 minuto. ◆ Agregar el cacao, mezclar y utilizar.

Baño rápido de azúcar

INGREDIENTES
Clara, 1
Azúcar impalpable, cantidad necesaria
Agua hirviendo, cantidad necesaria

◆ Batir ligeramente la clara, agregar el azúcar impalpable cernida, mezclar con cuchara de madera hasta formar una crema espesa. Añadir por cucharaditas agua hirviendo hasta que se pueda extender con facilidad.

Glacé real

INGREDIENTES

Clara, 1
Jugo de limón, vinagre blanco
o ácido acético, unas gotas

Azúcar impalpable cernido,
cantidad necesaria

◆ Batir la clara hasta que espume, acidar con unas gotas de jugo de limón, vinagre o ácido acético. ◆ Agregar por cucharadas el azúcar cernido revolviendo con cuchara de madera hasta obtener una preparación consistente y cremosa.

Nota: No se especifica la cantidad de azúcar impalpable porque de acuerdo con su tamaño, la clara puede absorber más o menos azúcar.

Fondant

INGREDIENTES

Azúcar, 1 kilo
Glucosa, 200g

Limón, 1

◆ Colocar el azúcar en un recipiente cubierto apenas con agua, agregar la glucosa y cocinar hasta punto de bolita blanda a 120°C. ◆ Agregar el jugo del limón, mezclar y dejar reposar 5 minutos. ◆ Verter la preparación sobre la mesada humedecida con agua, trabajarla con una rasqueta o cuchilla hasta obtener una pasta blanca y espesa que se separe del mármol. Entonces, amasarla con las manos humedecidas con agua. ◆ Colocar el *fondant* en un recipiente tapado con una servilleta húmeda.

Nota: Para utilizar en baños de tortas, se debe disolver a baño de María sin que hierva el agua. Si se desea, colorear con unas gotitas de colorante vegetal.

 Praliné

INGREDIENTES
Azúcar, 150g
Agua, 75cc

Almendras peladas y tostadas, 75g

◆ Colocar el azúcar y el agua en un recipiente, cocinar hasta punto caramelo, debe tener un color dorado. ◆ Agregar las almendras, mezclar y verter sobre la mesada ligeramente aceitada. ◆ Dejar enfriar y moler con palote aceitado. Si se utiliza para cubierta o para reborde de tortas, dejarlo como granulado, si en cambio se utiliza para mezclar con cremas, molerlo más fino.

> **Nota:** El praliné se puede preparar también con nueces, avellanas o maníes.

 Coulis de damascos

INGREDIENTES
Damascos, 400g
Miel, 1 cucharada

Jugo de limón, 2 cucharadas
Canela en rama, 1 trocito

◆ Pasar los damascos por agua caliente, luego pelarlos y quitarles el carozo.
◆ Colocar dos tazas de agua con la miel, el jugo de limón y la canela. Cocinar 1 minuto, agregar los damascos y dejar un minuto más. Procesar y filtrar.

> **Nota:** En la misma forma se puede preparar coulis con kiwis u otras frutas pulposas.

Masa de miel

INGREDIENTES
Agua, 6 cucharadas
Gelatina sin sabor, 7g
Glicerina, 1 cucharada
Manteca, 1 cucharada
Miel, 1 cucharada
Azúcar impalpable, 800g

◆ Hidratar en un bol amplio la gelatina con el agua, dejarla reposar 2 minutos. Luego incorporar la miel, la glicerina y la manteca. ◆ Cocinar a baño de María hasta que se fundan todos los ingredientes y se obtenga una consistencia de jarabe espeso. ◆ Retirar del fuego y dejar entibiar, incorporar de a una 12 cucharadas del azúcar impalpable, batir continuamente hasta obtener una preparación muy blanca y esponjosa. Dejar descansar por lo menos 30 minutos. ◆ Colocar la preparación sobre la mesada, incorporar el resto del azúcar amasando suavemente. Si se amasa rápido, la masa absorbe mayor cantidad de azúcar y luego resulta seca y quebradiza. ◆ Estirarla sobre la mesada espolvoreada con fécula de maíz. ◆ Para forrar la torta, arrollar la masa con el palote y dejarla caer suavemente sobre la superficie de la torta. Recortar los sobrantes con cuchillo de punta y alisar la masa con las manos para retirar los excedentes de fécula.

Notas
Los restos de masa pueden guardarse en bolsas de polietileno para poder utilizarlos nuevamente. La masa se puede colorear con colorantes vegetales líquidos o en pasta y saborizar con distintas esencias.
La masa de miel se puede utilizar del mismo modo que el mazapán. Permite modelar flores, animalitos u otros motivos o estirarla con palote para cortar figuras con diferentes cortapastas.
Tambien se usa como relleno de bombones si se le da sabor a menta o frutilla.

Estampado sobre la masa de miel

◆ Realizar el diseño deseado con la pinza marcadora, presionando tantas veces como sea necesario hasta completar el dibujo. Esto debe realizarse inmediatamente después de haber forrado la torta para evitar que la masa se agriete. (Véase dibujo).

> **Nota:** Las pinzas marcadoras se pueden adquirir en cualquier casa de repostería, son similares a las pinzas para hielo y vienen varios modelos. La forma de uso es la misma, lo que varía son los diseños que se obtienen.

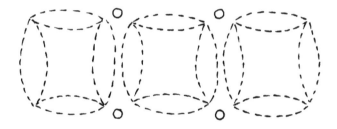

Receta de pastillaje express

INGREDIENTES

Gelatina sin sabor, 7g
Agua, 1/2 taza de las de té
Azúcar impalpable, 3 tazas de las de té
Fécula de maíz, 1 taza de las de té

◆ Hidratar la gelatina con el agua, calentarla y dejarla en reposo hasta que se torne cristalina y tibia. Colocarla en el bol de la batidora y agregar por cucharadas, siempre batiendo, azúcar impalpable muy lentamente. La preparación toma una consistencia gomosa y un color blancuzco. ◆ Después de batir unos minutos, el pastillaje se adhiere al batidor. ◆ Dejar en reposo tapado con un polietileno por lo menos 30 minutos. ◆ En el momento de utilizar incorporar la fécula amasando hasta obtener la consistencia deseada. ◆ Una vez que esté lista se le puede dar color con colorante vegetal. ◆ Para realizar los trabajos con pastillaje, estirar la masa espolvoreada con fécula de maíz, apoyar los moldes y cortarlos bien prolijos. Dejarlos secar y unir las piezas con un *glacé* liviano.

 Se puede guardar tapada, en heladera, de 3 a 4 meses.

Helado artesanal de crema americana

1 KILO

INGREDIENTES

Gelatina sin sabor, 7g
Agua, 50cc
Leche, 750cc
Leche en polvo entera, 3 cucharadas
Azúcar, 200g
Esencia de vainilla, 1 cucharada
Crema de leche, 100cc

◆ Diluir la gelatina con el agua, calentar y dejar en reposo. Colocar en el vaso de la licuadora la leche a temperatura ambiente, el azúcar y la leche en polvo, mientras se licua agregar la esencia y la gelatina, en esta forma la gelatina se integra en forma pareja, incorporar por último la crema de leche. Retirar la preparación de la licuadora y dejar descansar 20 minutos para que se hidrate muy bien la leche en polvo. Éste es el secreto para obtener un helado más consistente ya que esta receta no lleva cocción. Distribuir luego en cubeteras o molde de heladera eléctrica. Llevar al congelador y mezclar cada 30 minutos para que su consistencia sea pareja y no se cristalice. Si no se utiliza en el momento puede guardarse en un recipiente de telgopor en el freezer.

Algunas variantes

De vainilla: Agregar 3 yemas y 100g más de crema.
De chocolate: Igual al de vainilla más 150g de chocolate fundido.
De duraznos: Igual al de vainilla más 5 mitades de duraznos frescos o en almíbar procesados.
De damascos: Igual al de duraznos con 10 mitades de damasco
De sabayón: Igual al de vainilla reemplazando 100cc de leche por vino oporto.
Granizado: Igual que la receta básica más chocolate rallado grueso o picado.
Frutilla a la crema: Igual que la receta base reemplazando 200cc de leche por pulpa de frutilla y 100g más de crema.
Dulce de leche: Igual que la receta base reemplazando el azúcar por dulce de leche.
De café: Igual al de vainilla más dos cucharadas soperas de café instantáneo.

Índice por capítulos

INTRODUCCIÓN
Palabras de Choly 7
Palabras de Mirta 9
Pautas a tener en cuenta para
realizar una buena fiesta 11
Diferentes menús combinando
recetas del libro 14

CAPÍTULO 1
SALADITOS FRÍOS
Alfajorcitos de masa de jamón 16
Arrolladitos de pepino 17
Palmeritas con kiwis y jamón 17
Canapés de caviar 18
Canapés de anchoa con papaya 19
Canapés de palmitos 19
Canapés de palta 20
Almendras y habas saladas fritas 20
Medallones con *mousse* de hígados
de pollo al oporto 21
Rollitos dobles de pionono 22
Dátiles rellenos 23
Rombos de flan de queso 23
Saladitos con base de papa 24
Saladitos con masa de queso 25
Saladitos de pan de centeno 26
Saladitos *express* 26
Cilindros apetitosos 27
Tarteletas de queso al coñac 28
Tarteletas de jamón con melón 29
Tarteletas de jamón y naranja 29
Tejas de queso 30

CAPÍTULO 2
SALADITOS CALIENTES
Arrolladitos de espárragos 32
Arrollado de panceta 32
Bastones crocantes de queso y
panceta 33
Chorizo blanco a la sidra 33
Ciruelas pasas rellenas 34
Trufitas de choclo 34
Bocaditos de plátanos 35

Bocaditos valencianos 35
Empanaditas de sardinas a la
portuguesa 36
Empanaditas sorrentinas 37
Pinchitos de camarones 38
Langostinos *soufflé* 38
Mejillones rellenos 39
Fosforitos de queso 39
Milhojas de batata 40
Petites galettes 40
Pañuelitos florentinos de lomito 41
Profiteroles en salsa de queso 42
Saladitos con masa de *scones* 43
Trufas de mariscos 44

CAPÍTULO 3
SANDWICHES
Sandwiches con pancitos de
vegetales 46
Sandwiches mixtos 47
Sandwiches de pionono con picadillo
de carne 48
Sandwiches agridulces *express* 48
Sandwiches triples 49

CAPÍTULO 4
BUFFET FROID
Arrollado fácil de jamón 52
Arrollado multicolor de morrones 53
Bondiola serrana 54
Budincitos multicolores de arroz 55
Carré de cerdo al oporto 56
Cóctel de tomate 57
Ensalada de *orange* 58
Ensalada agridulce 58
Flancitos de roquefort y nuez 59
Huevos rellenos con palmitos y
salsa golf 60
Jamoncito tiernizado al vino
madeira 61
Langostinos agridulces 62
Langostinos a la mexicana 63
Lechón deshuesado 64

Lomo glaseado	66
Matambre con tres carnes	67
Paltas con camarones	68
Pavo a la York	69
Peceto en salsa de palmitos	70
Pechuga de pavo rellena con salsa de manzana	71
Perlas de melón al oporto con virutas de jamón	72
Ramaquin de espárragos	73
Tarta de champiñón y camarones al *curry*	74

Capítulo 5
Platos calientes

Arrolladitos de jamón y espárragos	76
Arrollado verde de ricota	77
Bisque de camarones	78
Bouillabaise	79
Cazuelitas de lentejas a la española	80
Borsch (sopa roja)	81
Peceto a la crema de espárragos	82
Costillitas rellenas en salsa de frambuesas	83
Champiñones rellenos rebozados	84
Flores de alcauciles con crema de roquefort	85
Goulasch con *spaezles*	86
Hojaldrinas a la crema de jamón y champiñón	87
Langosta a la Thermidor	88
Langostinos y huevos *soufflé*	89
Vol-au-vents de *foie* con uvas al oporto	89
Cebollas florentinas a la crema	90
Supremas arrolladas a la pimienta negra	90
Rollo hojaldrado de pollo	91
Huevos *poché* a la Braganza	92
Locro	93
Ñoquis gigantes rellenos	94

Capítulo 6
Fiestas al aire libre

Empanadas de pollo	96
Empanada española de atún	97
Empanadas jugosas de carne	98
Ensalada Nicoise	99
Ensalada con envasados	99
Ensalada de rúcula con vinagreta de tomates secos	100
Ensalada Tapenade	100
Ensalada *ratatouille*	101
Carpaccio con queso y rúcula	102
Ensalada Caprese	103
Pollo frito con sésamo	103
Escabeche de peceto	104
Escabeche de pollo	105
Pastel de alcauciles con cubierta de masa *phila*	106
Pastel de berenjenas a la romana	107
Pastel de jamón sin masa	108
Quiche de cebolla y roquefort	109
Sandwich mediterráneo	110
Chicken in the basket	110
Baguettes con pasta especial de pollo	111
Baguette con pastrón	112
Lomo asado con diferentes salsas	113
Milhojas campestre	114

Capítulo 7
Fiestas para jóvenes

Sandwiches súper rellenos	116
Sandwichería caliente	117
Sandwiches de pan árabe tostado	118
Milonguitas crocantes	118
Panchos	119
Pizzetas fritas al *oreganato*	120
Fugazza rellena	120
Torre de pizzas	121
Show de *petits blinis*: Con levadura	122
Sin levadura	122
Diferentes ideas para servir los blinis	123
Calzone con rellenos diferentes	124
Pascualina especial	126
Cestos de *gruyère* y cebolla	127
Raclette	128
Fondue bourguignon	129
Fondue de queso	130
Fondue de queso súper express	130
Fondue de chocolate	131
Fondue con sabor a moka	131
Pasta frola de batata al chocolate	132
Bananas africanas	133
Leche merengada	134

Capítulo 8
Fiestas para chicos
Chips para los más chiquitos 136
Chips sorpresa con salchichas 137
Caritas de pan, queso y fiambre 138
Cisnes de masa bomba 139
Alfajorcitos de chocolate 140
Alfajores de maicena 141
Negritos divertidos 142
Pepitas y corazones 143
Mantecados de tres gustos 144
Bocados de dulce de leche
y almendras 145
Arrolladitos de dulce de leche 145
Coquitos 146
Cocadas 147
By biscuits 147
Galletitas sonrientes 148
Vainillas 149
Waffles 149
Galletitas de avena sin cocción 150
Moldeados de gelatina y frutas 150
Marshmallows 151
Caramelos de dulce de leche 152
Chupetines Ezequiel de colores 153
Manzanas al caramelo con
pochoclo 154

Capítulo 9
Masas finas y petits fours
Almendrados de mazapán 156
Bocaditos de almendras 157
Merenguitos de nuez 157
Borrachitos de *Cointreau* 158
Brownies con crema de
frambuesas 159
Conitos de frambuesa 160
Cubitos de chocolate y nuez súper
express 161
Curabiedes 162
Delicia de almendras y uva 163
Masitas de café y avellanas 164
Masitas de plancha 165
Masa con chocolate y castañas de
Cajú 166
Masitas especiadas 167
Coquitos tiernos 167
Masitas Luciana de piñones 168
Minimillasas de chocolate 168
Petits fours de damascos 169

Petits fours rápidos 169
Petits fours de mazapán 170
Petits fours de coco 170
Petits fours Natalia de avellanas 171
Petits fours sin cocción 171
Minitarteletas de fruta 172
Tarteletas de coco 173
Tarteletas suizas de manzana 174

Capítulo 10
Mesa dulce
Barra cuadriculada 176
Cristal de mandarinas 177
Esferas heladas de chocolate 178
Barra helada de frutillas 180
Cheesecakes individuales de
frambuesas 181
Delicia de sabayón a la crema 182
Dulzura de menta y limón 183
Gâteau merengado de limón 183
Flan Paulina de nuez 184
Flan de dulce de leche 184
Iglú de dulce de leche 185
Isla flotante Laura 186
Los merenguitos de Claudia María 187
Marmolada imperial 188
Marquise de chocolate 189
Torta Dolly 189
Mousse de limón 190
Pastel de almendras mamá Rosa 191
Polonesa de frutillas y almendras 192
Postre chajá 193
Profiteroles con salsa inglesa de
naranja 194
Sacher torte 195
Sorpresa helada de café y
chocolate 196
Tentación tropical 197
Tiramisú 198
Peras al vino tinto 198
Tocinos del cielo 199
Torta crocante *nougat* 200
Torta dulce Julieta 201
Torta helada de ricota y nuez 202
Torta Horacio 203
Torta Julián 204
Torta tricolor 205
Torre de hojaldre y frutas 206
Pastel diferente de masa bomba 207
Parfait de frambuesas y yogur 208

Capítulo 11
Tortas para ocasiones especiales
Torta aniversario 210
Torta Bariloche 211
Torta de bodas................................ 212
Torta para bodas de plata 213
Torta para bodas de oro 214
Torta de comunión para varón 215
Torta de comunión para nena 216
Torta galesa.................................... 219
Torta "El payaso" 220
Torta "El gatito"............................... 221
Torta para el día de la Madre 222
Torta para el día del Padre 223
Torta para 15 años.......................... 224

Capítulo 12
Presentación de bandejas
Canastas de sandía 226
Capullitos de verdeo 227
Estrellas de puerro 228
Flores de rabanitos.......................... 229
Pájaros con penachos de ananá 230
Melón calado ave del Paraíso 231
Rabanitos deflecados 232
Rizos de hojas de remolacha 233
Rosas torneadas de remolacha 234
Rosas de calabaza 235
Rosas de puré 236
Paneras de pan 237
Lechoncito de gala.......................... 238
Fuente de langosta *gelée* 239
Tren de queso 240
Tabla de quesos saborizados 241
Cascada de ave, jamón y pionono 242
La canasta de arroz con rosas de jamón de tía Isidora......................... 243
Rosas de chocolate y *fondant* 244
Hojas de chocolate 246
Huevos hilados o cabello de ángel 246

Capítulo 13
Salsas, masas y cremas básicas
Salsa *bechamel* o salsa blanca 248
Salsa *demi-glacé* simple 248
Salsa mayonesa 249
Salsa de tomate.............................. 250
Salsa de boloñesa diferente 250
Salsa de puerros 251
Salsa de apio, queso y nuez............. 251
Salsa agridulce fácil 252
Salsa de naranjas............................ 252
Salsa *glacé* de ananá 253
Salsa de frambuesas a las tres pimientas 254
Masa de empanadas para horno (igual que la masa comprada) 254
Masa *soufflée* para empanadas fritas .. 255
Masa con levadura (para tartas o pasteles) 255
Masa básica para tartas o masas secas (para uso comercial) 256
Masa de tarteletas 257
Masa de tarteletas dulces 257
Pinono base y sus variantes............. 258
Bizcochuelo de vainilla 260
Cómo obtener una torta rellena perfecta.. 261
Crema pastelera consistente para relleno de postres 262
Crema básica con manteca y yemas.. 263
Crema básica con postre comprado 264
Crema de limón.............................. 264
Crema de chocolate al ron (para relleno de tortas)............................. 265
Crema de chocolate *soufflée* (para relleno de tortas)............................. 265
Crema chantillí y sus variantes.......... 266
Crema chantillí rendidora................. 267
Crema sabayón 268
Crema *soufflée* de bananas (para relleno de tortas)............................. 269
Mousse de dulce de leche 269
Merengue italiano 270
Merengue suizo.............................. 270
Baño brillante de chocolate 271
Baño rápido de azúcar..................... 271
Glacé real 272
Fondant 272
Praliné 273
Coulis de damascos........................ 273
Masa de miel.................................. 274
Receta de pastillaje 276
Helado artesanal de crema americana .. 277

Índice alfabético

Alfajorcitos de chocolate	140
Alfajorcitos de masa de jamón	16
Alfajores de maicena	141
Almendrados de mazapán	156
Almendras y habas saladas fritas	20
Arrolladitos de dulce de leche	145
Arrolladitos de espárragos	32
Arrolladitos de jamón y espárragos	76
Arrolladitos de pepino	17
Arrollado de panceta	32
Arrollado fácil de jamón	52
Arrollado multicolor de morrones	53
Arrollado verde de ricota	77
Baguettes con pasta especial de pollo	111
Baguette con pastrón	112
Bananas africanas	133
Baño brillante de chocolate	271
Baño rápido de azúcar	271
Barra cuadriculada	176
Barra helada de frutillas	180
Bastones crocantes de queso y panceta	33
Bisque de camarones	78
Bizcochuelo de vainilla	260
Bocaditos de almendras	157
Bocaditos de plátanos	35
Bocaditos valencianos	35
Bocados de dulce de leche y almendras	145
Bondiola serrana	54
Borrachitos de *Cointreau*	158
Borsch (sopa roja)	81
Bouillabaise	79
Brownies con crema de frambuesas	159
Budincitos multicolores de arroz	55
By biscuits	147
Calzone con rellenos diferentes	124
Canapés de anchoa con papaya	19
Canapés de caviar	18
Canapés de palmitos	19
Canapés de palta	20
Canastas de sandía	226
Capullitos de verdeo	227
Caramelos de dulce de leche	152
Caritas de pan, queso y fiambre	138
Carpaccio con queso y rúcula	102
Carré de cerdo al oporto	56
Cascada de ave, jamón y pionono	242
Cazuelitas de lentejas a la española	80
Cebollas florentinas a la crema	90
Cestos de *gruyère* y cebolla	126
Champiñones rellenos rebozados	84
Cheesecakes individuales de frambuesas	181
Chicken in the basket	110
Chips para los más chiquitos	136
Chips sorpresa con salchichas	137
Chorizo blanco a la sidra	33
Chupetines Ezequiel de colores	153
Cilindros apetitosos	27
Ciruelas pasas rellenas	34
Cisnes de masa bomba	139
Cocadas	147
Cóctel de tomate	57
Cómo obtener una torta rellena perfecta	261
Conitos de frambuesa	160
Coquitos tiernos	167
Coquitos	146
Costillitas rellenas en salsa de frambuesas	83
Coulis de damascos	273
Crema básica con manteca y yemas	263
Crema básica con postre comprado	264
Crema chantillí rendidora	267
Crema chantillí y sus variantes	266
Crema de chocolate al ron (para relleno de tortas)	265
Crema de chocolate *soufflée* (para relleno de tortas)	265
Crema de limón	264
Crema pastelera consistente para relleno de postres	262
Crema sabayón	268
Crema *soufflée* de bananas (para relleno de tortas)	269

Cristal de mandarinas	177	*Glacé real*	272
Cubitos de chocolate y nuez súper *express*	161	*Goulasch* con *spaezles*	86
		Helado artesanal de crema americana	277
Curabiedes	162	Hojaldrinas a la crema de jamón y champiñón	87
Dátiles rellenos	23		
Delicia de almendras y uva	163	Hojas de chocolate	246
Delicia de sabayón a la crema	182	Huevos hilados o cabello de ángel	246
Diferentes ideas para servir los *blinis*	123	Huevos *poché* a la Braganza	92
		Huevos rellenos con palmitos y salsa golf	60
Diferentes menús combinando recetas del libro	14	Iglú de dulce de leche	185
Dulzura de menta y limón	183	Isla flotante Laura	186
Empanada española de atún	97	Jamoncito tiernizado al vino madeira..	61
Empanadas de pollo	96	La canasta de arroz con rosas de jamón de tía Isidora	243
Empanadas jugosas de carne	98		
Empanaditas de sardinas a la portuguesa	36	Langosta a la Thermidor	88
		Langostinos a la mexicana	63
Empanaditas sorrentinas	37	Langostinos agridulces	62
Ensalada agridulce	58	Langostinos *soufflé*	38
Ensalada Caprese	103	Langostinos y huevos soufflé	89
Ensalada con envasados	99	Leche merengada	134
Ensalada de *orange*	58	Lechón deshuesado	64
Ensalada de rúcula con vinagreta de tomates secos	100	Lechoncito de gala	238
		Locro	93
Ensalada Nicoise	99	Lomo asado con diferentes salsas	113
Ensalada *ratatouille*	101	Lomo glaseado	66
Ensalada Tapenade	100	Los merenguitos de Claudia María	187
Escabeche de peceto	104	Mantecados de tres gustos	144
Escabeche de pollo	105	Manzanas al caramelo con pochoclo	154
Esferas heladas de chocolate	178		
Estrellas de puerro	228	Marmolada imperial	188
Flan de dulce de leche	184	*Marquise* de chocolate	189
Flan Paulina de nuez	184	*Marshmallows*	151
Flancitos de roquefort y nuez	59	Masa básica para tartas o masas secas (para uso comercial)	256
Flores de alcauciles con crema de roquefort	85	Masa con chocolate y castañas de Cajú	166
Flores de rabanitos	229		
Fondant	272	Masa con levadura (para tartas o pasteles)	255
Fondue bourguignon	129		
Fondue con sabor a moka	131	Masa de empanadas para horno (igual que la masa comprada)	254
Fondue de chocolate	131	Masa de miel	274
Fondue de queso súper express	130	Masa de tarteletas dulces	257
Fondue de queso	130	Masa de tarteletas	257
Fosforitos de queso	39	Masa *soufflée* para empanadas fritas	255
Fuente de langosta *gelée*	239		
Fugazza rellena	120	Masitas de café y avellanas	164
Galletitas de avena sin cocción	150	Masitas de plancha	165
Galletitas sonrientes	148	Masitas especiadas	167
Gâteau merengado de limón	183		

Masitas Luciana de piñones	168	Petits fours de damascos	169
Matambre con tres carnes	67	Petits fours de mazapán	170
Medallones con mousse de hígados de pollo al oporto	21	Petits fours Natalia de avellanas	171
		Petits fours rápidos	169
Mejillones rellenos	39	Petits fours sin cocción	171
Melón calado ave del Paraíso	231	Pinchitos de camarones	38
Merengue italiano	270	Pinono base y sus variantes	258
Merengue suizo	270	Pizzetas fritas al oreganato	120
Merenguitos de nuez	157	Pollo frito con sésamo	103
Milhojas campestre	114	Polonesa de frutillas y almendras	192
Milhojas de batata	40	Postre chajá	193
Milonguitas crocantes	118	Praliné	273
Minimillasas de chocolate	168	Profiteroles con salsa inglesa de naranja	194
Minitarteletas de fruta	172		
Moldeados de gelatina y frutas	150	Profiteroles en salsa de queso	42
Mousse de dulce de leche	269	Quiche de cebolla y roquefort	109
Mousse de limón	190	Rabanitos deflecados	232
Negritos divertidos	142	Raclette	128
Ñoquis gigantes rellenos	94	Ramaquin de espárragos	73
Pájaros con penachos de ananá	230	Receta de pastillaje	276
Palabras de Choly	7	Rizos de hojas de remolacha	233
Palabras de Mirta	9	Rollitos dobles de pionono	22
Palmeritas con kiwis y jamón	17	Rollo hojaldrado de pollo	91
Paltas con camarones	68	Rombos de flan de queso	23
Panchos	119	Rosas de calabaza	235
Paneras de pan	237	Rosas de chocolate y fondant	244
Pañuelitos florentinos de lomito	41	Rosas de puré	236
Parfait de frambuesas y yogur	208	Rosas torneadas de remolacha	234
Pascualina especial	125	Sacher torte	195
Pasta frola de batata al chocolate	132	Saladitos con base de papa	24
Pastel de alcauciles con cubiertas de masa phila	106	Saladitos con masa de queso	25
		Saladitos con masa de scones	43
Pastel de almendras mamá Rosa	191	Saladitos de pan de centeno	26
Pastel de berenjenas a la romana	107	Saladitos express	26
Pastel de jamón sin masa	108	Salsa agridulce fácil	252
Pastel diferente de masa bomba	207	Salsa bechamel o salsa blanca	248
Pautas a tener en cuenta para realizar una buena fiesta	11	Salsa de apio, queso y nuez	251
		Salsa de boloñesa diferente	250
Pavo a la York	69	Salsa de frambuesas a las tres pimientas	254
Peceto a la crema de espárragos	82		
Peceto en salsa de palmitos	70	Salsa de naranjas	252
Pechuga de pavo rellena con salsa de manzana	71	Salsa de puerros	251
		Salsa de tomate	250
Pepitas y corazones	143	Salsa demi-glacé simple	248
Peras al vino tinto	198	Salsa glacé de ananá	253
Perlas de melón al oporto con virutas de jamón	72	Salsa mayonesa	249
		Sandwich mediterráneo	110
Petites galettes	40	Sandwichería caliente	117
Petits fours de coco	170	Sandwiches agridulces express	48

Índice alfabético | 285

Sandwiches con pancitos de vegetales	46	Torta "El gatito"	221
Sandwiches de pan árabe tostado	118	Torta "El payaso"	220
Sandwiches de pionono con picadillo de carne	48	Torta aniversario	210
		Torta Bariloche	211
Sandwiches mixtos	47	Torta crocante *nougat*	200
Sandwiches súper rellenos	116	Torta de bodas	212
Sandwiches triples	49	Torta de comunión para nena	216
Show de *petits blinis:* Con levadura	122	Torta de comunión para varón	215
Sin levadura	122	Torta Dolly	189
Sorpresa helada de café y chocolate	196	Torta dulce Julieta	201
Supremas arrolladas a la pimienta negra	90	Torta galesa	219
		Torta helada de ricota y nuez	202
Tabla de quesos saborizados	241	Torta Horacio	203
Tarta de champiñón y camarones al *curry*	74	Torta Julián	204
		Torta para 15 años	224
Tarteletas de coco	173	Torta para bodas de oro	214
Tarteletas de jamón con melón	29	Torta para bodas de plata	213
Tarteletas de jamón y naranja	29	Torta para el día de la Madre	222
Tarteletas de queso al coñac	28	Torta para el día del Padre	223
Tarteletas suizas de manzana	174	Torta tricolor	205
Tejas de queso	30	Tren de queso	240
Tentación tropical	197	Trufas de mariscos	44
Tiramisú	198	Trufitas de choclo	34
Tocinos del cielo	199	Vainillas	149
Torre de hojaldre y frutas	206	Vol-au-vents de *foie* con uvas al oporto	89
Torre de pizzas	121	Waffles	149

LOS LIBROS DE UTILÍSIMA

MANUALIDADES EN TELA Y CARTÓN
María José Roldán

BERRETEAGA EXPRESS
Choly Berreteaga

MICROONDAS
Manuel Aladro

SOUVENIRS
Élida de López

PINTURA SOBRE MADERA
Asenzo, Bagnardi y Palacios Añaños

DISEÑOS
Susana Olveira

UTILÍSIMA CHEF
Aladro, Amato Negri, Ballina, Berreteaga, Casá, Mallman, Masjuán y Sáenz

CÓMO VESTIR SU CASA
Marina Orcoyen

PINTURA SOBRE TELA
Adriana Bagnardi

DISEÑOS 2
Susana Olveira

HORÓSCOPO UTILÍSIMA
Mariángeles

EL GRAN LIBRO DEL HOGAR UTILÍSIMA
Isabel Toyos

MICROONDAS Y FREEZER
Manuel Aladro

LOS MÁS LINDOS DISEÑOS DEL MUNDO
Susana Olveira

LA COCINA SANA UTILÍSIMA
Cecilia de Imperio

TODO PARA EL BEBÉ
Marina Orcoyen

EL LIBRO DE MI BEBÉ
Edith Tálamo

ESTÉNCIL PASO A PASO
Susana Olveira

COCINA EN UN ABRIR Y CERRAR DE LATAS
Choly Berreteaga

PINTURA DECORATIVA
*Bibiana Álvarez Roldán
y Martín Palacios Añaños*

DISEÑOS DE LETRAS
Susana Olveira

HÁGALO USTED MISMA
María José Roldán

TODO RECICLADO
Bibiana Álvarez

SIEMPRE JOVEN
Isabel Toyos

TODO PARA FIESTAS
Élida de López y Patricia Masjuan

TODO DULCE
Maru Botana

PANADERÍA CASERA
Choly Berreteaga

CORTE Y CONFECCIÓN
*Hermenegildo Zampar
y María Laura Poratto*

DISEÑOS INFANTILES MULTIUSO
Susana Olveira

EL PRIMER AÑO
Dr. Carlos Mercado

MANUALIDADES CON MARINA
Marina Orcoyen

COCINA PARA LOS QUE NO TIENEN NI IDEA
Cecilia Urribarri y Christian Vitale

EL ARTE DEL RECICLADO
Bibiana Álvarez Roldán

ENNIO CAROTA A SU MANERA
Ennio Carota

CRECER JUNTOS
Edith Tálamo

CARTAPESTA Y PAPEL MACHÉ
Martín Palacios

COCINA ESPAÑOLA
Joan Coll

LA CASA ROMÁNTICA
María José Roldán

LAS RECETAS DE MARU
Maru Botana

BOCADOS & BOCADITOS
Chela Amato Negri

UNA FIESTA INOLVIDABLE
Choly Berreteaga y Mirta Carabajal